漁撈具とその使用実験

〈構成／楠本政助〉

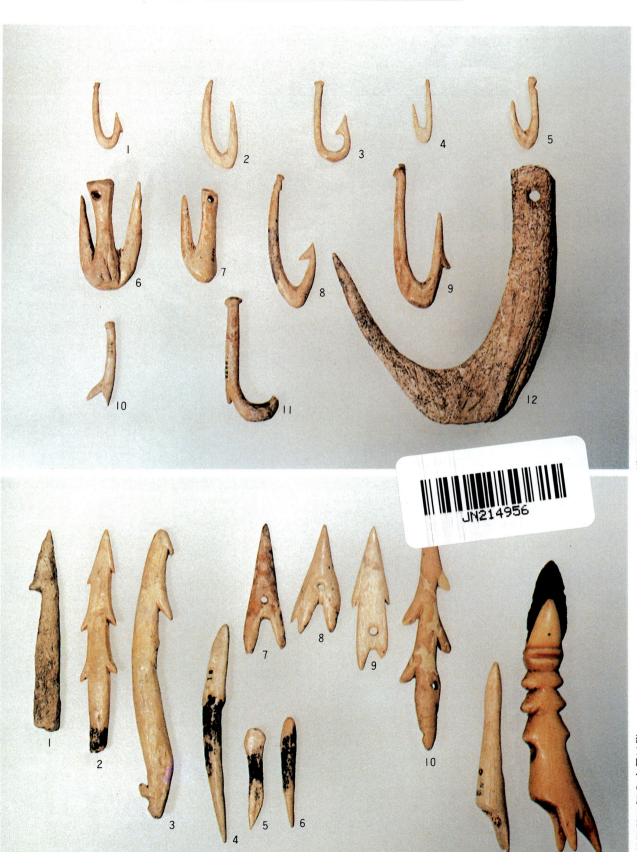

縄文時代の鹿角製釣針

縄文時代の鹿角製刺突具

刺突実験

実験に使用した銛先は長さ約15cmで、大形に属する。実際にはこの程度の獲物（体長約50cmのアイナメ）ならば、この半分ほどの大きさの銛で十分である。

単装固定銛の刺突実験。至近距離を遊泳する獲物はこのように柄を手にしたまま突くが、柄尻に長い紐をつけると10m前後は投げつけて使用できる強力な固定銛となる。

（前頁口絵解説）

鹿角製釣針

1	縄文中期	大木9式	宮城県南境貝塚出土	長さ3.0cm
2	縄文中期	大木10式	宮城県南境貝塚出土	長さ4.0cm
3	縄文中期	大木9式	宮城県南境貝塚出土	長さ3.7cm
4	縄文中期	大木9式	宮城県南境貝塚出土	長さ2.8cm
5	縄文中期	大木8b式	宮城県泉沢貝塚出土	長さ3.2cm
6	縄文中期	大木10式	宮城県南境貝塚出土	長さ5.0cm
7	縄文中期	大木10式	宮城県屋敷浜貝塚出土	長さ4.2cm
8	縄文中期	大木10式	宮城県南境貝塚出土	長さ6.0cm
9	縄文後期	南境式	宮城県南境貝塚出土	長さ6.5cm
10	縄文中期	大木8b、9式	宮城県南境貝塚出土	長さ3.9cm
11	縄文中期	大木10式	宮城県南境貝塚出土	長さ5.7cm
12	縄文中期	大木8b式	宮城県仁斗田貝塚出土	長さ12.0cm

鹿角製刺突具

1	縄文後期	南境式	宮城県南境貝塚出土	長さ8.7cm
2	縄文晩期	大洞B式	宮城県沼津貝塚出土	長さ9.5cm
3	不明		宮城県里浜貝塚出土	長さ12.3cm
4	縄文後期	金剛寺式	宮城県沼津貝塚出土	長さ9.4cm
5	縄文後期	金剛寺式	宮城県沼津貝塚出土	長さ4.7cm
6	縄文後期	金剛寺式	宮城県泉沢貝塚出土	長さ4.3cm
7	縄文中期	大木9式	宮城県南境貝塚出土	長さ5.6cm
8	縄文中期	大木10式	宮城県南境貝塚出土	長さ4.8cm
9	縄文後期	称名寺式併行	宮城県南境貝塚出土	長さ6.2cm
10	複製品			
11	縄文晩期	大洞C_1式	宮城県沼津貝塚出土	長さ8.3cm
12	複製品			

植物性遺物とその採集用具

〈構成／渡辺　誠〉

京都府舞鶴市桑飼下(くわがいしも)遺跡の特殊泥炭層断面（縄文後期）
1973年に発掘され、しばらく途絶えていた特殊泥炭層調査再開のきっかけとなった重要遺跡である。同遺跡からは多量の植物遺体が検出された。

桑飼下遺跡出土の植物遺体

オニグルミ

カシ類などのドングリ

トチの実のむかれた皮

サンショウの実

桑飼下遺跡出土の打製石斧 1,000本近い打製石斧が出土し、東から西への打製石斧の流れが実証され、縄文農耕論に大きな影響を与えた。

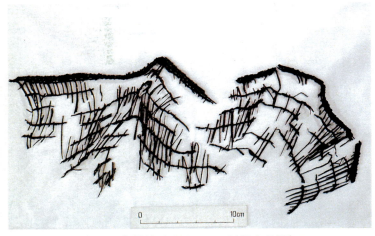

鳥取市布勢遺跡出土のカゴ（縄文後期）

ヒノキをさいたものをもじり編みで編んだカゴ。民俗例でもヒノキ製はなく、珍しい。

石川県金沢市中屋遺跡のカゴ底圧痕（上）と、そのモデリング陽像（下）

3〜5mmのタテ材6本を放射状にくみ、これに2本のヨコ材をもじり編みで5周させ、6周目からはタテ材を割くか新たに加えるかして、目を細かにしている。このようなカゴの編みはじめの状態をよく示す圧痕が多いのは石川県下の大きな特色である。（直径8.3cm、縄文後期）

季刊 考古学 創刊号

特集 縄文人は何を食べたか

●口絵（カラー） **漁撈具とその使用実験**
植物性遺物とその採集用具
（モノクロ） **大形住居址** 青森市近野遺跡
貯 蔵 穴 鹿児島県志布志町東黒土田遺跡
狩猟・漁撈の季節
1．哺乳類の歯牙年輪
2．魚鱗の年輪
3．貝の日成長線

縄文人の食生活 ——————————————渡辺 誠 (14)
食料の地域性
狩猟・漁撈対象動物の地域性——金子浩昌・西本豊弘・永浜真理子 (18)
漁撈対象動物（貝類）の地域性——————————松島義章 (25)
採集対象植物の地域性——————————————渡辺 誠 (28)

食料の漁猟・採集活動と保存
弓矢と槍——————————————————鈴木道之助 (32)
家 犬——————————————————————岩田栄之 (35)
おとし穴——————————————————————村田文夫 (36)
釣漁と銛猟————————————————————馬目順一 (38)
網 漁——————————————————————渡辺 誠 (42)
製 塩——————————————————————川崎純徳 (44)
浅鉢形土器————————————————————村田文夫 (47)
注口土器——————————————————————藤村東男 (48)
植物調理用石器————————————————————齊藤基生 (50)
解体調理用石器———————————————————中村若枝 (52)

大形住居址（東北地方）	工藤泰博	(55)
大形住居址（北陸地方）	小島俊彰	(57)
貯蔵穴	永瀬福男	(59)

人類学からみた繩文時代の食生活 ─── 埴原和郎 (64)

繩文農耕論の再検討

　繩文中期農耕論 ─── 宮坂光昭 (67)
　繩文晩期農耕論 ─── 賀川光夫 (71)

◆口絵解説

　クロダイの鱗の顕微鏡写真 ─── 丹羽百合子 (54)
　繩文時代の漁撈具 ─── 楠本政助 (62)
　繩文草創期の貯蔵穴 ─── 河口貞徳 (63)

最近の発掘から

　繩文晩期後半の水田跡　佐賀県唐津市菜畑遺跡 ─── 中島直幸 (81)
　先土器時代の集落跡　東京都府中市武蔵台遺跡 ─── 早川　泉 (83)

連載講座　古墳時代史

　1．古墳の出現 ─── 石野博信 (85)

講座　考古学と周辺科学　Ⅰ

　地理学 ─── 安田喜憲 (91)

書評 ──── (96)
論文展望 ──── (98)
文献解題 ──── (100)
学界動向 ──── (103)

表紙デザイン／目次構成／カット／サンクリエイト・倉橋三郎
表紙土器写真は馬目順一編『大畑貝塚調査報告』1975による。

大形住居址

青森市近野遺跡第8号住居址

円筒上層d式土器を伴出する縄文時代中期の大形住居址で、規模は19.5m×7m。南北に長軸をもち、5対の主柱穴と、2対の控柱穴、5基の炉址が検出された。こうした大形の住居址は東北、北陸地方を中心に発見されており、雪国特有の、堅果類を屋根裏に貯蔵するための共同施設という説もある。

写真提供／青森県埋蔵文化財調査センター

貯蔵穴 鹿児島県志布志町 東黒土田遺跡

遺構の全景

縄文時代草創期の貯蔵穴

隆帯文土器片が発見された第6層下部から、さらに下層のシラス層に掘り込まれた木の実の貯蔵穴が検出された。直径40cm、深さ25cmの浅鉢型で、内部に炭化した堅果が一杯つまっていた。堅果の種類はクヌギ、カシワなどのような落葉性の Quercus である可能性が強い。

構成／河口貞徳

貯蔵穴出土の木の実

貯蔵穴

隆帯文土器

狩猟・漁撈の季節　1　哺乳類の歯牙年輪

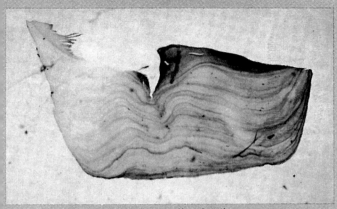
現生イノシシ第1大臼歯

現生ツキノワグマ犬歯

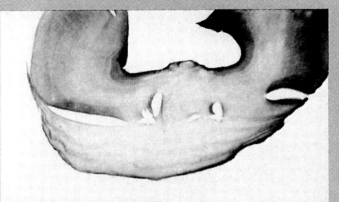
現生ニホンジカ第1大臼歯

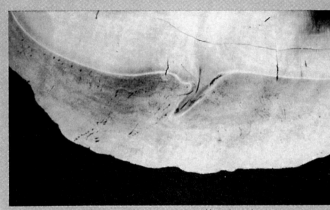
鳥浜貝塚出土ニホンジカ第1大臼歯

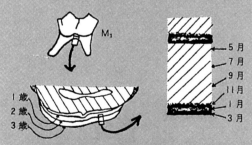
ニホンジカのセメント質による年齢・死亡季節推定法（大泰司、1981）

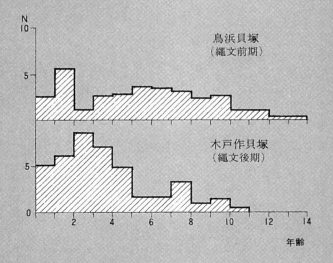

歯牙セメント年輪を用いた狩猟季節の推定

哺乳類の場合、犬歯または大臼歯の歯根表面に形成されるセメント質には年輪がみられる。年輪の透明層は主に冬期に形成されるので、最外層の厚さによって死亡した季節つまり狩猟期がわかる。この方法を齢査定に応用すると、縄文時代前期の鳥浜貝塚（福井県三方町）のニホンジカ標本では老齢個体の割合が大きいが、縄文時代後期の木戸作貝塚（千葉市）では若齢個体が多くなり、この時期の狩猟圧が高かった可能性を示した。

構成／小池裕子

2 魚鱗の年輪

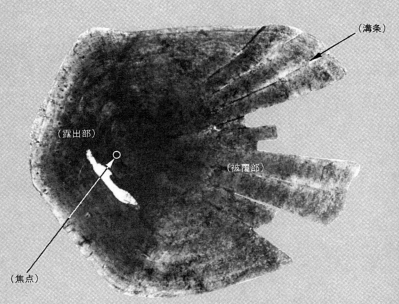

東京都伊皿子貝塚出土のクロダイの鱗の顕微鏡写真
魚は新陳代謝の結果、隆起線を形成しながら外側へと成長していくが、この魚鱗の形態を読みとることによって、種の同定を行ない、かつ捕獲季節や年齢、最小個体数などを知ることができる。
左:全形(約17倍) 右:部分拡大(約27倍) 右拡大図中の矢印は年輪部分を示す　　構成／丹羽百合子

3 貝の日成長線

貝殻年代学(Concho-chronology)の方法

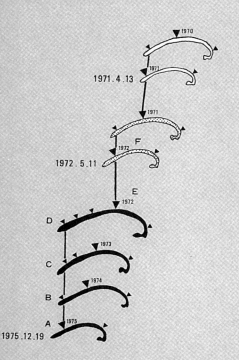
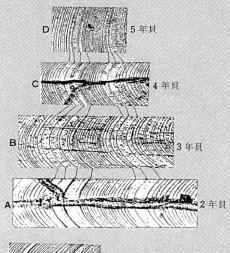

1972年5月11日採取されたハマグリの1972年の冬輪

1975年12月19日採取されたハマグリの1972年の冬輪

第1段階
あるサンプルグループの貝の最終冬輪が同一年であるかどうかを同定する。1975年12月19日に採取されたグループでは、年齢を経た個体でもよく似た冬輪パターンを示した。

第2段階
2つのサンプルグループの間で最終冬輪のパターンが異なった場合、さらにさかのぼって似た冬輪を探す。図では1975年12月に採取された貝の1972年に相当する冬輪が1972年5月に採取された貝の最終冬輪と同定された。

このような作業をくりかえすと1975年からさかのぼり1970年までの冬輪パターンのスタンダード(大きな▼印)が作成できる。この方法を貝塚堆積に応用すると最下層を出発点として、各貝層が何年目のどの季節に形成されたか貝塚の生活史の時間軸が設定できる。

構成／小池裕子

季刊　考古学

特集
縄文人は何を食べたか

特集 ● 縄文人は何を食べたか

縄文人の食生活

名古屋大学助教授 渡辺　誠
（わたなべ・まこと）

縄文時代の狩猟漁撈生活が資源の涸渇によって行き詰まり、稲作の進出を早めたという説は植物食の存在を忘れた議論である。

1　動物食優占の旧説批判

　縄文時代は狩猟漁撈時代であり、結果として動物食が主であったとするのが、従来の一般的な考え方である。その背景には、弥生時代を"陽"、縄文時代を"陰"として極端な対比が行なわれる場合があるように、稲作開始の弥生時代以降に日本文化の源流を限定する考え方がある。
　しかしその一方、形質人類学の成果は、若干の混血を認めつつも、縄文人がわれわれ現代日本人の直系の祖先であることを明確にしている。1万年にも及ぶこの縄文人の営みが、稲作開始とともにまったく無に帰すると考えるのは、あまりにも無謀なことといわざるをえない。日本列島の多様な自然環境に対する生活技術などの発達が、稲作伝来とともに消失するはずはない。とりわけ東北日本の豪雪地帯における縄文文化の繁栄は、この環境を生き抜くための生活技術の発達と、それを支える精神文化の発達を抜きにしては考えられないことである。こうした文化的伝統を前提にして、新来の稲作文化が弥生文化として開花するのであって、縄文文化が決してマイナスに働いているとは考えられないのである。
　地理学者の市川健夫先生は、その著書『雪国文化誌』のなかで、高文明国中、日本ほど豪雪地帯に人口密度の高い国はない、と指摘している。その背景には、縄文時代以来の伝統も息づいていると考えられるのである。
　食生活の問題に限定しても、近年の縄文文化研究の成果によれば、狩猟漁撈社会説には疑問点が多い。むしろ、これら動物食は重要な副食であったが、主食物は植物食であったらしい。この組合せは、野生植物がコメに変わるだけで、弥生時代以降現代まで一貫するものである。
　旧説に対する疑問点は次の3点に集約される。
　まず第1は、地域文化がもっとも多様に展開した縄文前・中期の小文化圏の境界が、植生のそれと一致することが多いのに対して、動物相との関係は限定されることにある（付図参照）。
　第2は、狩猟・漁撈の実体が明らかになるにつれて、これらで説明できる限界が明らかになってきたことである。この背景としては、植物利用の発達が前提となるはずである。
　第3は、縄文後・晩期に発達する抜歯風習に関連する問題である。抜歯風習とは健康な犬歯や門歯を成人式に際して抜去する風習で、その施術率は85％以上、すなわちほとんどの縄文人が男女を問わず避けることのできない肉体的試練であった。しかし、この村落構成員としての義務は権利に裏打ちされたものであり、この権利もまた男女間に大きな差違はなかったとみなされる。したがって男性優位の狩猟漁撈に匹敵する女性の生業として、植物の採集・利用の重要性を考慮せざるをえないのである。
　こうした疑問が強くなってきたのは、直良信夫、酒詰仲男、藤森栄一、江坂輝彌の諸先生方をはじめとする縄文研究の伝統の上に、照葉樹林文化論の登場や、考古生態学の発達によって、浅薄な観念論を排し、実証的な研究が発達したことによる。とりわけ重要なのは、水洗選別の徹底による植物遺体の検出が進んだことである。その性質上遺存しにくい植物遺体の研究が遅れていたため

に，鳥獣魚貝類のみが目立ち，狩猟漁撈社会説を温存してしまったのである。

採集および捕獲の対象物が明確になるにしたがって，その手段や方法の研究も進展した。狩猟・漁撈を中心に考えると，どうしても狩猟具・漁具といった第1次生産用具に研究が偏り易い。各道具も機能が限定されるため，たとえば石鏃・釣針といったような明確な形態をとり，研究し易い。これに対して植物食に関連するものは，直接的な採集用具とともに，磨石・石皿などの2次的な加工用具がきわめて多い。このため用途は多目的になりがちであり，植物遺体との対比なしには研究上困難が多かった。そしてもっとも根本的な問題として，生産手段とその対象との関係を統一的に理解しようとする視点が欠除していたことが指摘される。

有名な「サケ・マス論」も，こうした研究にはかえってマイナスな役割を果たしたことは否めないであろう。学説の根幹となる論文が当事者によって明確に書き残されなかったことによって，北米インディアンにおける領域形成と，ドングリおよびサケ・マス資源との関係にはあいまいさが残っている。一歩退いて，北米の図式を正しいとしても，これは日本列島にはまったくあてはまらないのである。なぜならば，北米のドングリはすべてコナラ亜属などの種類であり，日本列島では東北日本の落葉樹林帯に優占する種類である。この地域はまたサケ・マス地帯であり，分布域は重なりあってしまい，サケ・マス＝東北日本，ドングリ＝西南日本とする図式は成立しないのである。

一方，西南日本のアカガシ亜属のドングリは東アジアの照葉樹林帯固有の種類であって，もちろん北米には分布していない。

民族誌援用の適切さの問題ばかりでなく，このために自然遺物などの研究が遅れてしまったという側面も大きな問題である。昨今の新しい研究動向は，サケ・マス論提唱者およびその追随者以外の学派によって推進されたものであることを注目

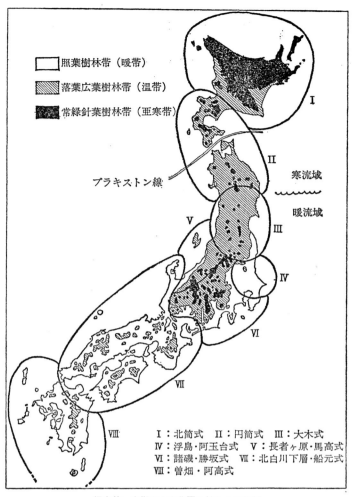

縄文前・中期の小文化圏と植生との関係

しておきたい。

2 小文化圏形成の経済基盤

東北日本と西南日本との二大別しかしていないサケ・マス論では，付図に示すような地域文化の形成の背景は説明できない。多様な日本列島の自然環境に多様な適応を遂げた縄文文化は，その具体的な適応手段のバラエティーに恵まれることになり，これらが相互に伝播して相乗効果をもたらしたであろうことは想像にかたくない。

こうした各地域と地域文化の形成に，狩猟・漁撈および植物採集が具体的にどのように関連しあっているかをみてみよう。

まず狩猟であるが，これは旧石器時代以来の重要な生業であったが，縄文時代の全期間を通じては大きな変化はなかったらしい。捕獲対象物は，

津軽海峡を横切るブラキストン線の南北で内容を異にしている。本州ではニホンジカ，イノシシを主に，山岳部ではツキノワグマ，カモシカが加わり，他にキツネ，タヌキ，アナグマ，ノウサギなどの小動物も捕獲されている。これに対し，北海道ではイノシシ，カモシカを欠き，エゾシカを主にヒグマが加わる。そしてこのブラキストン線は，小文化圏の境界線とならないばかりでなく，その中央を横切っていることも見逃せないことである。

漁撈は狩猟に比較して，小文化圏との関係がやや密接である。海流との関係をみれば，Ⅰ・Ⅱの文化圏は寒流域であり，Ⅲ以下は暖流域に属する。寒流域においては，開窩式離頭銛によるトド，オットセイなどの海獣漁が特徴的であるが，網漁は不活潑で，Ⅲ〜Ⅶの文化圏とは別個の漁撈文化伝統を形成している。Ⅷの文化圏も同様に，別個の伝統を形成している。ここでは外洋性漁業のシンボルともいうべき大形の西北九州型釣針が前期以来一貫して存在しており，曽畑式土器自体が大陸の櫛目文土器の影響下に出現したとみられており，歴史的背景をも異にしている。

外洋性漁業は，リアス式海岸の卓越した仙台湾を中心とするⅢの大木式文化圏において，中期後半に著しく発達した。釣針や各種の銛が発達し，マダイ，カツオ，マグロ，イルカなどが捕獲された。こうした地域では，貝類もアワビ，サザエ，クボガイ，レイシ，イボニシなどの岩礁性巻貝が優先する。後期末から晩期になるととくに燕形離頭銛が発達し，とりわけマグロ漁が一段と活潑になる。保存法としては，カツオ，マグロは“ナマリ”としてくん製にされたと思われるが，魚体からみればカツオよりマグロの方がはるかに大きく，それだけ交換価値が高かったと考えられる。そしてこの外洋性漁業の発達は，カツオ，マグロが夏期の回遊魚であること，村落の立地条件が限定されることなどにおいて，専業化の方向性を示している。

内湾性漁業のセンターは，縄文海進によって樹枝状に入江の発達したⅣの東関東の中期・阿玉台式文化圏である。網漁によってスズキ，クロダイなどの浅海河口性魚類がとられ，ハマグリ，シオフキなどの内湾の砂泥にすむ二枚貝が多数採取されている。後期になるとさらにヤス漁が加わり，さらに後期末から晩期にかけて，土器製塩が出現

する。これは外洋性漁業のマグロ漁に対比されるもので，より交換価値の高いものに向って技術の発達が促進され，専業化の方向を深めている。決して停滞的ではない。

網漁はさらに内水面域に向って伝播し，コイ，フナ，アユ，ウナギなどがその対象となった。

このように漁業の発達は，専業化を支える他の主生業の発達を考慮しなければならない。そしてすでに記したように，狩猟はその資格を有しないのであるから，おのずから植物質食料の重要性がクローズ・アップされてくる。

そこで改めて植生図との関係をみてみると，Ⅰは亜寒帯針葉樹林帯，Ⅱ・Ⅲ・Ⅴ・Ⅵは温帯の落葉広葉樹林帯，Ⅳ，Ⅶ，Ⅷは照葉樹林帯，そして亜熱帯性の南西諸島をⅨとして加えることができる。このなかでもⅤとⅥは，積雪量の違いから同じ中部地方でも植生に差違があることと関係がある。またⅣは東海地方で細くなった照葉樹林帯が，関東平野で再び大きく拡がったところで，これに縄文海進の影響とが重なってくる。

こうした森林帯の区分をタテ糸とし，先に記した狩猟漁撈の対象物の分布をヨコ糸として織り合わせれば，そこにおのずから小文化圏との密接な関係が浮びあがってくるのがわかるであろう。したがって晩期にかけて，これらがⅠ，Ⅱ〜Ⅵ，Ⅶ〜Ⅸと3群にまとまるようになるのは，小文化圏を内包しつつ統合された大文化圏が形成されたとみるべきである。この社会的環境を無視し，前代と同じように自然環境と直接境界線が重なるように理解することには，納得できないのである。ましてⅣの関東平野を無視してⅦまでを照葉樹林帯とし，このため初期稲作の進出が制約されたとみるような見解は理解し難い。

3 植物質食料の利用水準

植物質食料の地域性については別章に記しているので，ここでは触れないが，その発達の段階については避けられない問題がある。すなわち，植物食の比重を大きく考える考え方には，藤森栄一氏などによって高唱された縄文中期農耕論などがある。しかし穀類の検出がみられないこと，かりに大陸からはいったとしても，議論のもっとも中核に位置する打製石斧が前期より西関東〜中部山岳地帯にかけて発達し，近畿地方を経て後期中葉に影響を与えているのであって，雑穀が野生して

いない限り，この説の成立は困難である。一方，その立論の根拠を詳細に検討すれば，照葉樹林文化論中の半栽培段階に相当するということができる。そのメルクマールは管理栽培と水さらし，アク抜きの技術であり，野生植物利用でももっとも高度の段階である。

この段階はどの時期からかというと，ドングリ類もトチの実もともに中期まで遡ることができる。その根拠は，断片的に出土する植物遺体と，アク抜き技術に伴う諸要素と，遺構・遺物（次にカッコ内に記す）との比較研究であり，その概要は次のとおりである。狩猟・漁撈具にくらべて関連する遺構・遺物が多く，この点からも植物食の比重の高さを知ることができる。

まず採集段階では，採集具としてのカゴ類（カゴ，アンペラ，スダレ状圧痕，骨針），虫出しのための桶（土器），乾燥のための広場（円形集落の中央広場），そのためのムシロ（アンペラ，スダレ状圧痕），貯蔵の場所（貯蔵穴，長方形大形家屋址），皮むき・製粉およびつきくだき用の道具（たたき石，すり石，石皿，雨垂石），灰の確保（複式炉，灰層），水さらしの道具と場所（編布，土器，自然湧水点），煮沸用具（土器），こね鉢（浅鉢形土器，木鉢），蒸器（キャリバー形土器），食器（小形浅鉢形土器，木製杓子，杓子形土製品）などが必要とされる。またこれらの全過程の実現のためには，定住生活が前提となるのである。

中期農耕論の諸要素はほとんどこれらに含まれてしまう。はずれるのはクリの管理栽培と打製石斧の問題である。しかし打製石斧とても，堅果類に用いられるアク抜き・水さらしの技術が，クズ，ワラビ，テンナンショウ，ユリなどの地下茎や根茎類にも使用され，それを掘るための道具であったとみることができる。そしてクリの問題も，半栽培段階のもう1つのメルクマールである管理栽培を示唆しているとみられるのである。もっとも根拠となるクリの遺体そのものでは，ほとんど大形品は見当たらないのであり，破片では見分けにくいトチの実を誤解している可能性があるのであって，資料の再検討が強く望まれる。

これらの中期農耕論的要素は，前期から中期にかけてその組合せが完成し，後期になって西日本に伝播する。このため西日本晩期農耕論の要素のなかにも同様な資料批判の余地が大きいのである。この新しい段階は，決して中部地方ではじま

ったのではない。とくに長方形大形家屋址や複式炉の問題からみると，東北地方の前期初頭にその萌芽がみられるのであって，植物遺体の検出とともに雪国の縄文研究の重要性を痛感している昨今である。別章に記すように，トチの実などの優占する地域をはずれはじめる中部地方において，その周辺現象として打製石斧が浮上してくるのではあるまいか。打製石斧の量的増大が同心円的に拡がらず，西日本にだけ流れる現象を直視すべきように思う。

水さらし，アク抜き技術の行使によって，食品は必然的に粉食にならざるをえない。現にパン状およびクッキー状炭化物が検出されているが，実際には粥状にして食べられることの方が多かったと考えられる。そして，この粥のなかには各種の食品が混炊され，この伝統が初期稲作の発達に大きな役割を果たしたと考えられる。低生産力段階の米のかさ増やしとして，縄文時代以来の食品が重要な位置を占めていたと思われる。近世まで残存していたシイめし，カシめしの例をあげるまでもなく，各種のカテめしや五目ごはんは，その系譜を引くものである。

これらの結果からみて，縄文時代を狩猟漁撈時代とし，その終末期には濫獲が進み，食糧状態が悪化して矛盾（？）が進行していたため，稲作がまたたく間に全国に拡まったとするような考えは，実証性のない間違った議論といわざるをえない。そしてこの立場からは，狩猟漁撈の実体も実は正確に理解されていないのではないだろうか。初夏に北上するカツオやマグロは，赤道直下まで出かける近代漁業においてはじめて資源涸渇が問題になったのであり，沿岸漁業の縄文時代において，これをとりつくすことなんてできるはずのないことである。

また木の実にしても，毎年秋になれば結実落下するのであり，来年の分までとりつくすことなんてできるはずのないことである。

縄文人は現代日本人の直接の祖先であるという形質人類学の成果とは別に，日本文化は稲作文化であって弥生時代にはじまるとする考えは，戦前の先住民族説の亡霊でなくてなんであろうか。むしろ縄文文化の伝統の上に，弥生文化以降の大陸文化が流入・融合していったのである。この基層文化としての縄文文化を知る上で，本特集号が少しでもお役に立てば幸いである。

特集●縄文人は何を食べたか

食料の地域性

縄文時代において，狩猟，漁撈および採集活動はどのような地域性をもって展開していただろうか。各地域の特徴をさぐることによって当時の日本列島を概観してみよう

狩猟・漁撈対象動物の地域性／漁撈対象動物（貝類）の地域性／採集対象植物の地域性

狩猟・漁撈対象動物の地域性

早稲田大学考古学研究室　　　札幌医科大学第二解剖　　　伊東市教育委員会
金子浩昌　　西本豊弘　　■永浜真理子
（かねこ・ひろまさ）　　（にしもと・とよひろ）　　（ながはま・まりこ）

1　狩猟・漁撈活動の地域性

　本稿およびその付図は，縄文時代における狩猟・漁撈活動が，どのような地域性のもとに展開していたかを示すものである。漁猟活動の地域性とは，ある地域の地理的な諸条件，そこで捕獲あるいは入手される主要な貝・魚・鳥・獣類各種，そして，そのための捕獲・採取の技術，利用法などを総括した文化的諸要素によって説明されるものである。いま，その詳細をのべる余裕はないが，以下にのべる大別した地域区分の説明の中で，注意される事項についてはふれておいた。
　地域区分は，基本的には日本の地形区分に則って分け（地方別），それを自然と文化の両面を考慮して分割した（地区別）。地区別は，漁撈・狩猟対象にみる差違，地方を区割する山脈，山地の発達の条件が関与した。したがって南北方向にのびる東北地方と，東西方向にのびる西南地方とは地区別方法に違いがおきた。そして，この地区別は当時の生活圏の1つの単位と考えてよいであろう。もちろん，この単位内で，さらに，個々の住居立地に関わる環境条件があり，それに支配されると同時に，それをまた越えて人々の意志は伝えられ，品物は搬入されたであろう。また遺跡によってはその個々が，季節的な意味合いを持つものであったと考えられる場合もあろう。1つ1つの遺跡の内容の詳細な検討によってこうした問題も明らかにされていくと思われる。　　　（金子・西本）

縄文時代の狩猟，漁撈活動の地域性を示す地域区分

* 表記法については，上述の本文序言中においてのべたのでそれを参照されたい。
** 表示及び地図上へ記載した遺跡例は，限られたものの一部である。本表及び地図の作製は北海道地方を西本，その他を金子が担当した。作製に当り，筆者らの調査資料の他に多くの文献から引用させていただいた。紙幅の都合でそのいちいちをあげ得なかったこと，重要な遺跡が他に多々あることをお断りしておきたい。

	A　北海道胴体部地方		縄文期の貝塚，洞穴例は少ない。海岸線の単調なことにもよるが貝塚の立地域は限られ，漁撈の活動は続縄文以降に比べて消極的な面もある。
A₁	道東・オホーツク海沿岸	礼文島	本邦の北端に近い貝塚がある。詳細は知られていないが，北海道開窩式の系統を引く銛頭などが出土。
		サロマ湖畔	オホーツク海岸での最大の縄文貝塚がある。同じ場所に生活立地しながら，後のオホーツク文化とは大きな差違が動物種の量差，漁猟具の形態差にみられる。詳細は今後の調査が必要である。
A₂	道東・太平洋沿岸	釧路川河口域	この地域での最大の規模をもつ貝塚があり，魚類と多くの海棲獣類の遺骸の出土することで知られる。また骨角器はそれと同系統のものが本州北端にまでみられる。東釧路貝塚は，陸獣の出土は稀で，海の資源に依存した生活址。

B 東北地方

（北海道道央・道南）石狩，勇払の淡水，汽水内湾域，岩礁海岸など北海道西部の自然的環境は変化に富む。貝塚と漁猟の文化についての重要な遺跡をみる。特に内浦湾内はオットセイ，クジラ類の回遊域であり，縄文前期以降アイヌ文化につながる海獣狩猟の展開をみる。陸獣はシカが主で，クマ猟は少ない。生息数や技術的な問題に関わるのであろう。後期以降になってイノシシの若い骨の出土例がある。本州より搬入され一時的な飼育の可能性もある。

（本州北端）津軽海峡を挟んで，ヒメエゾボラ，サケ類，カサゴ類などの北の魚貝類を含む貝塚ができ，北太平洋を回遊する鰭脚類の銛猟があった。B_2の中部になると，マグロ，カツオの回遊圏となり，リアス海岸の発達はこれらの外洋魚の漁獲を容易にし，早くより釣漁業が発達し，後に銛漁も加わる。内陸地帯へ海産魚貝がはこばれるが，河川，湖沼域ではサケを加えた淡水魚貝が多獲され，森林の動植物資源とともに縄文文化の基盤となる。B_3の南部はその南限となり，晩期に独特の骨角器文化を育む。

B_1 道央部，太平洋沿岸		石狩低地帯	この低地帯に深く海岸線の入り込んでいる頃の貝塚はなく，いずれもラグーン化以降の形成。従って魚はボラ，スズキなど汽水域の種類が多く，それにサケがある。シカ猟とともに海棲獣も行なわれている。
		内浦湾沿岸	前期以降，マガキ，イガイ，アサリを主体とする貝塚が形成され，その数も多く，規模も大きい。
		渡島半島南部	恵山岬から函館湾に至る間貝塚が点在。岩礁の小巻貝とオオバンヒザラガイなどが採られている。内湾ではアサリ，ハマグリが主になる。マダイ，カサゴ類，海棲獣ではオットセイ猟の圏内にいる。
		渡島半島日本海側	岩礁海岸の岩陰，洞穴遺跡が注目される。エゾアワビもみられるが，数の増えるのは晩期以降である。栄磯，三ツ谷両遺跡から知られる骨角製品は，北海道における最も重要な資料の一つである。
	下北半島域	下北半島北端	大間，尻屋岬などの岬先端に晩期小貝塚が形成。岩礁貝とマダイ，アシカ猟が主体で，陸獣は極く限定。
		小河原湖畔	早期以降広大な内湾域に面しての漁撈活動，ハマグリ主体貝塚から中期末頃よりヤマトシジミに変る。湾奥に大規模な貝塚が形成（二ツ森）。
		馬淵川河口内湾	早期以降貝塚形成，前期長七谷地は魚骨豊富，釣針，銛頭の出土も多い。陸獣は稀，アシカなども少ない。漁撈専業。
	陸奥湾域	下北半島側 大湊旧入江	最花（C），女館（Z）など。最花は特に貝塚の規模も大。漁撈主体であるが，クマ，カモシカなども少数出土。
	内陸地域	馬淵川中流域 岩木山麓	内湾奥に至ると，シカ，イノシシなどの獣骨次第に増加。岩木山麓その他狩猟条件が恵まれたと思う。精巧なイノシシ土偶が出土。
	日本海岸域	津軽半島とその平野 岩木川流域と河口	ヤマトシジミ主体の貝塚（Zのみ），亀ヶ岡での獣骨残存率がよくないが良好な狩猟地だったろう。クマ，海棲のアシカ類も出土している。
B_2 東北中部地区 太平洋沿岸		陸中海岸沿岸	宮古，綾里，大船渡，広田，気仙沼の諸湾沿岸とその奥部に貝塚の主要分布をみる。前期以降晩期に至る間のもの。アサリと岩礁貝，マダイ，マグロ類，陸獣が主で，後晩期に至り獣骨の出土が多い。
		牡鹿半島周辺から仙台湾，松島湾沿岸とその近域の島々	主として前期以降晩期に至る間貝塚が形成。規模大きく数も多い。外海に近いところではアサリ，イガイ類，内湾ではハマグリ主体。魚類ではマグロ，スズキ，マダイの多いのが特徴。獣骨も多い。
	内陸地域	仙台平野 北上，迫，鳴瀬川下流と湖沼の周辺	早期以降貝塚形成，鹹水貝塚から淡水貝塚に変る。平野部奥の貝塚ではオオタニシ，イシガイを主とし，フナ，ウナギ，サケ，マスの出土が多い。貝塚の規模大。本邦での貝塚の代表的分布域の一つ。
		北上山地の洞穴 岩泉周辺地域 その他	多くの獣骨にまじり，タイ類，マグロ類などの海魚の混在が注目される。河川沿いに海岸域との交流があったのであろう。
	日本海沿岸地域	男鹿半島の周辺	旧八郎潟内の貝塚形成。中期に早くヤマトシジミの貝塚が形成，ラグーン化。日本海沿岸にも小ラグーン内の貝塚。
B_3 東北南部地区 太平洋沿岸		相馬地方〜磐城海岸	仙台平野の南部から長い磐城海岸は単調で貝塚立地は一部を除いて制約される。小高，浪江町付近に前〜後期貝塚が小入江に面して形成されている。
		小名浜・平地方の貝塚	内湾，外海の両貝塚が形成。特に後者の貝塚に著名なものがある。中期のカツオ，マダイ，カスザメ，後期のスズキ，マグロ，晩期のマダイ主体とマグロの如く時期差が明瞭。獣骨の出土も多い。
	内陸地域	米沢盆地北縁（奥羽山脈南端）	豊富な動物骨を出土する日向洞穴などが知られる。ガン，カモ類なども出土するという。
		越後山脈の南側	御神楽岳北縁に分布する小瀬ガ沢，室谷などの洞穴には前期以降の層序で豊富な獣骨が出土。特に室谷洞では山岳猟の典型をみる。
	日本海域	佐渡島	国中平野に内湾（汽水系）貝塚が形成されている。

C 中央地方		C₁（関東地域）は広大な内湾水域が形成され，内湾砂泥底貝と魚類，汽水種も含め水産の資源を有効に利用している。さらに現外海の環境に近い地域では，暖海系の岩礁魚，イルカ猟のための釣，刺突，銛漁猟がみられ，独自の文化を形成した。C₂（本州中部）は本邦山間狩猟文化の中核を形成し，その技術は晩期から弥生期へ伝えられ，関東周縁の山地帯に及んだ。

C₁ 関東平野とその周辺地区		
太平洋沿岸域	鹿島灘北岸域（日立より那珂湊に至る間）	那珂湊以北は海岸に面する平野は狭いが，中期から後期に及ぶ貝塚がある。那珂川下流域には，前～後期に及ぶラグーン内貝塚があり，漁具に特徴ある形のものがつくられている。
	九十九里側下総台地，房総半島東岸	下総台上に外海，内湾両方の性格をもつ貝塚が前期以降形成。魚は内湾のものが主。かつて豊富な遺物を出土した一宮貝塚は，外海に近いラグーン内貝塚の典型で，外海系魚貝も多かった。
	東京湾岸，奥東京湾	早期末以降数多くの貝塚の形成をみる。早・前期はカキ，ハイガイ主体貝塚。中，後期には奥東京湾より貝塚は減少し，東京湾岸域で，砂泥性貝種のイボキサゴ，ハマグリ，アサリ，シオフキ主体の大貝塚が形成。規模の大きいのは東岸江戸川河口域～養老川域に分布。
	利根川流域と霞ガ浦周辺	霞ガ浦を含めた広大な砂泥性内湾にひらけ，貝塚の形成は早期より晩期に及ぶ。早期前半に小形ヤマトシジミ主体，末期にマガキ，前期以降ハマグリ主体貝塚が形成。魚は下流域ほど多く，フグ類，クロダイ，マダイが主になっていく。獣骨は後，晩期ほど多く，イノシシ，シカの主体性が強まる。
	東京湾口より相模湾沿岸	房総半島南端を含め，三浦半島の周辺とそれ以西は早期末以降の狩猟，漁撈の盛行した地域。マダイその他の岩礁魚，イワシ類が豊富，マイルカ猟が顕著（他に各種のイルカ類を含む）。アシカなど鰭脚類は少ない。後期後半期にはシカ，イノシシなどの陸獣が増え，漁猟のウェイトの置き方あるいは技術上の変化がみられるに至る。
	伊豆半島沿岸	伊豆半島沿岸域での漁猟を具体的に示す遺跡が最近知られている。漁・猟両面での活躍の好条件があったと思われるが，ただ海岸平野部のせまいことが制約となった。

C₂ 中部地区		
太平洋沿岸域	東海地方磐田・三方原台南縁	天竜川開析谷の谷口にできたラグーン内の貝塚。後期より晩期に及ぶ。現佐鳴湖に面した蜆塚貝塚は，当時は貝の採集の好条件下にあって大規模なものになる。漁撈はほとんどラグーン内にとどまる。
	三河湾岸　渥美，知多半島	2つの半島に囲まれた三河湾岸。各半島部の小入江は，漁撈の好条件を備える。半島先端に岩礁貝類，湾の奥にはマガキ，ハイガイが早～晩期に至る間生息，その中間期にハマグリ，アサリの生息する砂泥地帯ができる。後晩期を経て弥生期まで貝塚形成。獣骨の出土も多い。
	伊勢湾奥部	内湾と湾奥部貝塚が知られる。
内陸地域	関東山地西麓	北は南佐久郡臼田町岩内岩蔭から北相木村栃原洞に至る。栃原洞は早前期の狩猟関係資料を豊富に出土。
	三国山脈南西麓	長野県須坂市石小屋洞から小県郡真田町唐沢岩蔭に至る遺跡群。唐沢は縄文晩期より弥生期の動物資料が豊富。
	八ガ岳山麓	長野県側で茅野市内洞穴部と山梨県側北巨摩郡大泉村金生遺跡。金生遺跡では焼けたピット中にイノシシの下顎骨が大量に出土。イノシシ猟と特殊な祭礼のあとであった。
	松本盆地とその周辺	イノシシ，シカの焼骨を伴う配石遺構が知られ，これも祭祀的なものである。このような狩猟にかかわる祭祀の行為は各地でみられたのであろう。
	白山山地南麓（岐阜県）	九合洞穴でハマグリ，アサリ，魚骨が知られている。
日本海沿岸域	神通川河口	ヤマトシジミの貝塚が知られるのみ（蜆ガ森）。
	富山湾沿岸（西端）能登半島・七尾湾	氷見市朝日貝塚（Z）があり，豊富な動物遺骸を出土する鹹水貝塚。赤浦遺跡の貝塚は未発掘のまま破壊消失した。
	福野潟，河北潟	ラグーンに面した貝塚として早くより知られてきた堀松，上山田貝塚はともに中期であるが，貝類採集条件の汽水から淡水域にわたる差違のあること，従って漁獲条件にも相違点のあることが注目される。
C₃ 伊豆の島々		大島，利島，新島には，本土の土器文化が移され，漁撈生活の跡をみる。ウミガメ類，岩礁の魚が主。獣骨はイノシシが主で，本土からはこばれたものと，土着の種類の生息した可能性がある。

D 西南地方		D₁（外帯域）つまり太平洋沿岸域は，紀伊半島以西九州南部に至る高山地帯に支配され，貝塚形成の条件が制約される。これに対して，D₂（内帯域）の内側は瀬戸内海域として

20

内湾が形成されるが，九州の北・西岸域も文化地理的に，その延長にあると考えられる。ここは関東の東京湾口部貝塚と共通する魚貝類が知られるが，ただし明らかに異なる漁具文化の伝統をつくり上げている。

D₁ 外帯地域
太平洋沿岸域

紀伊半島 志摩半島～紀ノ川河口域に至る海岸線	長大な海岸線にもかかわらず，貝塚などの遺跡に恵まれないのは伊豆半島での様相に似る。外海系の貝塚は稀で唯一の広い内湾域で発見されている貝塚はハイガイ，マガキ主体貝塚であり，湾奥の立地を求めたものである。
四国東部吉野川河口，西部土佐湾西南端と宿毛湾	わずかに森崎貝塚が知られるのみ。中村貝塚は稀少の一例。内湾奥の立地，平城・宿毛はリアス式海岸の奥の内湾貝塚。
九州・日向灘沿岸域 青島 志布志湾奥貝塚	外海に直面する松添は大形のサメの出土が特徴。この地域の貝塚は少ない。洞穴ではイノシシ，シカなどの獣骨が多い。
薩摩半島西岸 鹿児島湾	規模中程度のカキ主体の貝塚が点在。草野はその代表。モクハチアオイガイはこの湾内貝塚を特徴づける。

内陸地域

四国内陸・四国山地	洞穴遺跡がその西寄りで知られる。上黒岩は前期以降の層で獣骨が豊富。鹹水貝が装身具にされる。
中国山地	洪積世以降の洞穴堆積層によって，動物相の変せんがたどれる。
九州山地	動物骨の多い洞穴遺跡が知られる。前高洞でオオカミ，オオヤマネコを含む獣骨群がある。中条洞穴ではイノシシを主とする後晩動物相。

D₂ 内帯地域
D₂-a 瀬戸内陥没地帯とその延長
近畿地域

奈良盆地	奈良盆地で貝塚はなくまた動物遺体をのこす縄文期遺跡は稀。橿原はイノシシ，シカの他クマ，カモシカも含めた多彩な狩猟が想定されている。
琵琶湖南端	この地域の関係遺跡は少ない。セタシジミ，各種淡水魚の採捕，狩猟も積極的。晩期の獣にはクマ，オオカミがみられる。
大阪湾岸と奥大阪湾	旧大阪湾の入江の変貌は，縄文後期のマガキ貝層から考えられる湾奥の状況から，晩期のセタシジミ貝層の示す淡水湖に変わっていった。

瀬戸内海域

湾戸内沿岸域加古川～児島湾～松永湾の旧入江と内海の島	前期以降ハイガイ，マガキを主体とする貝層。同様な湾奥立地と比較的湾口域の立地（平城）例がある。現在知られる貝塚は少ない。下層から上層へ，汽水域から鹹水域への変化は内海の海況の変化を示すものとされている。

九州地域

周防灘，別府湾沿岸	貝塚の分布は少ないが，周防灘に面した旧入江には一つの分布域がみられ小池原など重要な貝塚がある。
遠賀川谷	九州北部での重要な分布域。河口部にある山鹿貝塚は湾奥と外海の両面性をもつ。
糸島半島	天神山では，早期のマガキ，ハイガイ主体から前期のハマグリ，後期のタマキビ，アサリと三転する。魚は早前期にスズキ，クロダイ，後期にフグ類。
有明海沿岸	早期から中期までハイガイ，マガキのとれる泥性入江がつづき，ラグーン化してヤマトシジミ主体の貝塚貝類相へと変わる。
天草下島 橘湾岸	有明海湾口部，豊富な獣魚骨が特徴的。長崎半島南端に脇岬貝塚があるが，九州の貝塚で最も注目されるものの一つ。
五島列島	福江島には縄文から弥生期の貝塚が知られ，特に縄文前～晩期貝塚が注目される。岩礁性の魚貝類，サメの歯の利用（漁具の逆刺のためか），銛頭とされる刺突具など遺物は豊富である。
沖ノ島	岩礁の魚貝とアシカ猟を目的とした渡島が縄文期にはじまっている。
対馬	岩礁魚貝，イノシシの他に海棲獣類の骨の出土があるが，詳細は不明。九州西岸域から韓国沿岸に至る交流が明らかにされつつある。

D₂-b 日本海沿岸

若狭湾沿岸 三方湖畔低地	鳥浜貝塚は旧湖岸に形成された淡水貝塚。豊富な獣魚骨を出土。魚には海魚も多く含まれる。
島根半島	中ノ海北岸の洞穴（鹹水）と，さらにその奥に低地遺跡があり，その立地条件は上述の鳥浜貝塚などと共通する。

E 南西諸島
薩南諸島

奄美大島	宇宿貝塚は島の北東端，笠利半島東岸海岸砂丘上の貝塚。縄文後期に対比される宇宿下層式土器と多くの獣魚骨が出土。
徳之島	徳之島の南，隆起珊瑚礁上の砂丘上に第2貝塚，丘陵端に第4貝塚（宇宿下層）がある。

琉球諸島

沖縄島とその他の島々	縄文文化併行期（沖縄編年の前期）及びそれ以降の貝塚が総多く知られ，内湾（橿原），と外洋に面した礁縁での漁撈のあったことがわかる。

縄文時代の漁撈・狩猟活動の地域性を示す地図

2 伊豆河津地方の狩猟習俗覚え書

伊豆は前面に海，背後に山を持つ天然の資源に恵まれた地である。山にはイノシシ，シカがほぼ全域にわたり生息し，海には岩礁の沿岸にすむ魚貝，回遊する魚，イカ，それを追うイルカが群れる。もちろん，その数は昔日の面影はないが，なおその片鱗をうかがうことができる。1980年秋，伊東市街の中心域の一角で，縄文時代晩期の井戸川遺跡が調査され，そこからは伊豆半島では極めて珍しい貝塚，魚・鳥・獣骨が検出された。そこで知られた動物相は，まさに上記した伊豆の豊かな資源の恩恵を受けていたことを如実に物語っていた。

筆者はそれらの資料整理を静岡県教育委員会の栗野克己氏指導のもとに進める一方，この地方での魚貝類，狩猟獣の棲息，植生そして狩猟・漁撈習俗について調査を行なっている。考古学と民俗学との総合的理解を深めようとするのが筆者らの狙いである。

井戸川遺跡の所在する場所は，後にのべるような河津地方の狩猟域と同じ条件であり，また海の条件も，魚貝採捕やイルカ猟に適した小入江のあったことが予測される。

次にこの地方の狩猟とイルカ猟の習俗を記しておきたい。なお記述にあたり，種々ご教示を得た渡辺治男，渡辺久太郎両氏に厚くお礼申し上げたい。

1978年度静岡県哺乳動物分布調査報告によると，シカは伊豆の中央部，天城山系の標高500m以上の山地に，イノシシはそれよりさらに広域に生息する。イノシシによる田畑への被害に対しては，「シシ垣」「シシオドシ」がつくられるものの決めてにならないのが悩みである。現在の狩猟期間は11月15日から翌年2月15日までの冬期間であり，イノシシはオスより脂肪ののった若メス（38〜56kg位のもの）の味がよいという。

狩人たちの獣を捕獲するための知恵は，その土地の自然的条件，動物の食性・行動などを熟知した上で考え出されていく。それは基本的には縄文の狩人と変わるところはなかったはずである。

（1） イノシシ，シカのタツマ猟

獣の通る一定した通路（ウツ，タツ）の近くに待ちかまえ（その場所がタツマ）て，追われてくる獲物を狙うのである。

獲物の生息する山を見定め，まずその足跡を探

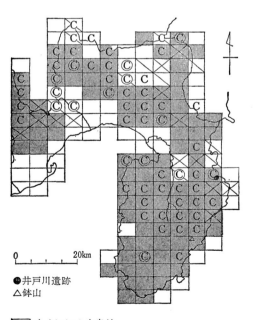

● 井戸川遺跡
△ 鉢山

■ イノシシの生息地
C シカの生息地
Ⓒ シカ・季節によっては生息する
⧄ イノシシ絶滅
⊠ シカ絶滅

○ 現在のシカの分布域　× シカ猟でのタツ
○ かつての禁猟区　△ イノシシ猟でのタツ
○ シカのヌタ場多　□ シカのヌタ場
○ イノシシのヌタ場多　○ イノシシのヌタ場

静岡県東部のシカ・イノシシ分布図（左）と伊豆河津地方におけるシカの生息範囲とシカのヌタ場，イノシシのヌタ場，タツの一例（右）
（渡辺治男氏による）
シカ笛猟の場合は⊠のように尾根筋から吹いて雌をさそった。ヌタ場にはシカの使うカラヌタが高地の粘土露出地にあり，イノシシはそれよりやや低い場所にある泥地をヌタ場にする。

す。足跡の最も新しいものを発見して，猟場と決める。猟場での集合場所，時間を決めて谷間（ホラという）を登る。尾根筋でみつかった足跡の新旧，向き，獲物の大きさを，足跡の向いている方の人と連絡する。連絡を受けた人は山頂に向って獲物がいるかどうか確める（ミキリをつける）。これを返して次第に範囲をせばめていく。獲物に最も近い位置にある１，２名を残して，一旦全員が集まる。そこでこれまでの状況説明，犬を離す場所，それぞれのタツの場所を決める。最も遠くのタツに行く人がそこへ着いたと思われる時を計って，勢子は山頂から犬を離す。そのとき空砲がうたれ，各猟師に知らされる。タツで待つ猟師は音を立てたりせずじっと待つ。

鹿笛猟　笛には赤ガエルの腹皮をはる。夕方か曇り日に尾根筋近くで吹く。シカの接近を確かめたら，枯れ枝をシカが歩く感じで折る。猟は１時間位の間の勝負。笛の代りに木の葉（アクシバの葉）を口にふくみ吹くことがあったという。

（2）　ワナ猟

イノシシワナは「ハネワナ」と呼ばれるもので，イノシシがこれに触れると止め金がはずれバネがはね上るようになっている。もちろん現在では危険が伴うために使用禁止になっている。

まず地面に穴を掘り，この穴の中にバネを止めておく「トリイ」を作る。次に穴の脇にある立木の先にワイヤーのワナを作り，立木をしならせてトリイにひっかける。穴の上には細木をわたらせ，この上にボサ（落葉や草など）をかぶせてカモフラージュする。この穴にイノシシが落ちると，トリイにひっかかっている止め金がはずれ，立木のバネがもどり，イノシシの足にひっかかったワイヤーがしまり，足が宙に浮きあがって動きがとれなくなってしまう。伊豆ではイノシシがワナにかかっても足が地に付いていると暴れてワナから逃げてしまう。またこの時のイノシシは非常に危険であることから，イノシシのワナは足が必ず宙に浮くように作られている。

必要な材料をあらかじめ用意し，現場のものはむやみに使わない。環境が変わり，獣に警戒心をおこさせるからである。人手のにおい，汗などを落すことも禁物である。これ程注意をはらって仕掛けたワナにイノシシが近づくのは晴天下なら１カ月後，雨がふれば半月後あとのことなのである。

シカのために仕掛けるワナもイノシシと同じように注意をはらい仕掛けられる。シカのワナはイノシシとは異なり，シカの通り道にシカの首の高さにワイヤーの輪を作る。通ったシカがこの輪の中に首を入れ動くとワイヤーがしまりシカが動けなくなるというものである。シカはイノシシのように暴れることはないといわれ，一度このワナにかかれば何かアクシデントがない限り捕獲できる。

（3）　おとし穴による捕獲

おとし穴には，獣の通り路に穴を掘るが，中に竹の先を尖らせたものを何本も立てることがある。深さは２ｍになる。おとし穴は田畑の周辺にもつくられた。これも危険なので現在ではつくられなくなっている。

（4）　伊東市川奈におけるイルカの追い込み漁

川奈，稲取はイルカの追い込み漁で知られるが，元は稲取であったという。川奈のは新しく明治17年からというが，それ以前にも小規模の捕獲はあったに違いないし，地形的にも可能な海岸である。イルカは毎年９月末頃から伊豆近海に現われる。イルカ漁のための舟は八丁櫓舟で30〜40ばいが並んだ。イルカは北から南に向けてくる。群をみつけると，それに最も近い舟が，イルカの先頭をさえぎり，他の舟は群をとり囲み，１カ所に集める。そして，群の後方から竹ざおで水面をたたいたり，舟べりをたたいてイルカを湾の方へ移動させる。舟の後には網をはっておく。湾内に追い込んだイルカは若い漁師によって，１頭１頭抱きかかえられて陸にあげられる。

イルカの肉は，クジラの肉によく似た色をしていて外側に厚い脂肪層がある。肉は臭いを消すために味噌，醤油などで料理される。イルカの肉は鉄分が多く貧血ぎみの人，大病をした人，また産前，産後の女性は「腰巻きを質に入れても食べるもの」といわれたという。

以上，伊豆東部地域の狩猟，漁撈の一端をかい間みた。この地方の縄文遺跡は西部に比べてはるかに少ないようである。しかし，海の資源に恵まれたこの地方は，その両方を利用する技術を早く獲得していたようである。その系譜はやはり東京湾口部地域にたどれるのであろう。

なお本稿は紙数の都合で詳細をのべ得なかった。いずれ井戸川遺跡の本報告あるいは別稿でのべたいと思っている。　　　　　　　　（永浜）

漁撈対象動物（貝類）の地域性————

神奈川県立博物館
松島義章
（まつしま・よしあき）

1 内湾の貝類群集

縄文時代早期末から前期にかけては，縄文海進の最盛期にあたり，日本各地の海岸低地には海水が奥深く侵入し，泥質の入江となった。現在この低地には沖積層とよばれる軟弱な海成泥層や砂層が厚く堆積しており，この海成層中にはそこに生息していた貝類が化石となって豊富に含まれている。近年臨海平野の開発が著しく，各地で沖積層の調査がおこなわれ，さらに貝塚遺跡周辺の低地に分布する自然貝層も調べられるようになった。

自然貝層の貝類化石群については，最近研究が進み，その種類組成解析を多数の [14]C 年代測定と組み合せておこない，約1万年前から現在に至る時期の内湾における貝類群集の年代的・地理的分布が明らかになってきた[1,2]。それによると縄文海進により形成された内湾域にみられる貝類群集は，次の6群集型に大別される。すなわち，湾の奥から沿岸（外洋）に向って，

湾奥干潟群集（A群集）：マガキ，ハイガイ，オキシジミ，イボウミナなど

湾央砂質底群集（B群集）：ハマグリ，アサリ，カガミガイ，イボキサゴ，サルボウ，シオフキガイなど

湾央泥質底群集（C群集）：ウラカガミ，イヨスダレ，アカガイ，トリガイ，シズクガイなど

湾口部砂礫底群集（D群集）：イワガキ，イタボガキ，ウチムラサキガイなど

湾外沿岸砂底群集（E群集）：ベンケイガイ，チョウセンハマグリ，ダンベイキサゴ，コタマガイなど

岩礁性群集（F群集）：オオヘビガイ，キクザルなど

であり，これらはすべて潮間帯から上部浅海帯（水深20m前後まで）に生息する群集で構成される。

2 貝塚の構成貝類

北は北海道から南は琉球列島まで全国各地に2,500個所以上形成された貝塚と，その構成貝類

については，酒詰仲男[3]のすぐれた業績があり，さらにそれを発展させ体系化した金子浩昌[4,5]の研究も顕著である。

ここでは酒詰の研究成果と，上述の自然貝層の貝類群集とを対応させ考察してみる。

（1）内湾や支谷沿に分布する貝塚では，ハマグリが最も多く，次いでマガキ，アカニシ，サルボウ，オキシジミ，シオフキ，ハイガイ，ツメタガイ，アサリ，オオノガイ，カガミガイ，ウミニナ，ヤマトシジミ，イボウミナなどといった貝が主要構成種となっている。ヤマトシジミを除けば大部分の貝は，湾奥干潟群集（A群集），湾央砂質底群集（B群集）の構成種となっている。A・B群集の分布する内湾沿岸に貝塚が多いことを示す。

（2）外洋に面する沿岸域にみられる貝塚では，ベンケイガイ，チョウセンハマグリ，ダンベイキサゴ，コタマガイ，オニアサリといった外洋性の貝類が多獲されており，湾外沿岸砂底群集（E群集）で占められる。

（3）岩礁海岸の立地する貝塚では，サザエ，アワビ，イシダタミ，クボガイ，カリガネエガイ，オオヘビガイなど岩礁帯に生息する貝（F群集）で特徴づけられている。

これらの点は金子浩昌[4,5]による貝塚の類型化と対応する。貝塚は形成された地理的な位置によって，その構成貝類が各々異なった内容を示す。すなわち貝類の生息環境と貝塚の立地とに強い相関関係があり，貝塚の形成は貝類群集の分布によく対応している[1]。さらに縄文海進に伴い内湾の形成〜拡大〜縮小が，前述の貝類群集の出現〜発展〜衰退の消長を示し，貝塚形成に大きく関与していることも明らかになった[2]。

3 貝塚と貝類採取領域

復元された内湾とその沿岸に形成された貝塚の構成貝類について，二三の実例をあげ検討してみる。

（1）古大船湾と平戸山貝塚

古大船湾は相模湾々奥の江ノ島の北側に河口を

もつ片瀬川の支流，柏尾川低地沿いに海進最盛期に形成されたリアス式の内湾である。湾口部が藤沢市街地東方にあり，湾口の幅が約 600m と狭い。湾中央部の最も幅の広いところでも 1,500m を越えることがないにもかかわらず，湾口から湾奥まで約 13km に及ぶ細長い複雑な地形をした入江であった[1]。湾内外には前述の 6 つの貝類群集の分布が認められる。

沿岸では湾口付近の川名貝塚と湾央部の大船平戸山貝塚とが知られている。川名貝塚については中期加曽利E式土器を伴う貝塚でハマグリとダンベイキサゴが確認されている以外詳細な記録がなく不明。平戸山貝塚は赤星直忠の調査があり，それによれば，大船駅北方の海抜約 60m の台地上に形成された小規模な貝塚である。時期は中期加曽利Eで，貝層の厚さが約 10cm と薄い。確認された貝類はサルボウ*，ハイガイ*，マガキ*，ナミマガシワ，カガミガイ*，アサリ*，ハマグリ*，キサゴ*，アカニシ，ツメタガイ，イボニシ，サザエ，スガイ，カニモリガイである（*印は多産）。主要種を生態的特徴からみると，マガキ，ハイガイは湾奥干潟群集構成種，サルボウ，アサリ，ハマグリ，カガミガイ，キサゴなどは湾央砂質底群集構成種，イボニシ，サザエ，スガイは岩礁性群集の主要な構成種である。

貝塚は海岸線より数 10m と近い位置に形成されているが，この付近は湾央部でも著しい狭さく部であり急崖の海岸となっている。さらに，水深が深くウラカガミ，イヨスダレ，アカガイなどの湾央泥質底群集の分布する環境にあった。食料となった上述の貝類の分布域は，図に示されるように貝塚形成地点から南方へ約 2km 離れた湾央部と考えられる。この付近には，ハマグリ，アサリ，サルボウ，カガミガイ，イボキサゴなどが豊富に生息していた。なお赤星のリストにはキサゴが得られているが，古大船湾ではキサゴは全く産出せず，ハマグリ，カガミガイやシオフキと一緒にイボキサゴが多産するので，このキサゴはイボキサゴの誤まりであろう。したがって，平戸山貝塚人にとって採貝には，尾根伝いに南方へ約 2km の湾央まで出かけたことが理解できる。

(2) 古鶴見湾と菊名貝塚

古鶴見湾は東京湾西岸，横浜港へ流れ込む鶴見川沿いに縄文海進で形成された入江である[1]。近接する古大岡湾や古帷子湾に比べて，遠浅で湾央から湾奥にかけて広く干潟が発達し，そこには干潟群集と湾央砂質底群集とが広範囲にわたって分布していた[2]。この湾の沿岸には縄文早期から前期にかけての貝塚の多いことでよく知られる。

早くから知られる菊名貝塚は，この湾の湾奥に位置し，縄文早期茅山期から前期花積下層期にかけて形成された貝塚で，古鶴見湾の最も拡大した時期と一致する。この貝塚産貝類については，酒詰仲男[3]により巻貝類 16 種，二枚貝類 20 種，角貝類 1 種の計 37 種が知られていたが，最近の発掘で小宮孟，鈴木保彦・小宮孟により明らかにされた貝類は，巻貝類 8 種，二枚貝類 13 種の計 21 種と少ない。

しかしどの種類も酒詰の内容と重複する。これらの研究から本貝塚の特徴種はハイガイ，ハマグリ，オキシジミ，オオノガイなどの二枚貝で構成され，スガイ，ウミニナ，イボウミニナ，カワアイなどの巻貝を若干含む。

貝塚の位置する台地上から谷沿いに西方へ約 500m 下った東横線菊名駅際の沖積層からは，ハイガイ，マガキ，オキシジミ，ハマグリ，アサリ，シオフキ，ヒメシラトリ，イチョウシラトリなどの二枚貝とウミニナ，イボ

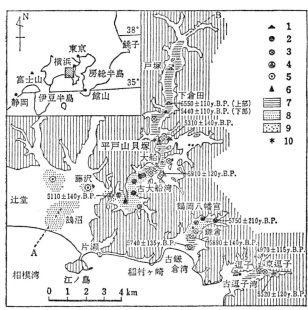

三浦半島北西岸の古大船湾における貝類群集の分布と平戸山貝塚（註 1）の文献に新資料を追加）
1：A群集　2：B群集　3：C群集　4：D群集　5：E群集　6：F群集　7：シルト〜泥　8：砂　9：砂礫　10：大船平戸山貝塚

ウミニナ，ヘナタリなどの巻貝が得られた。この自然貝層の貝類組成は菊名貝塚のそれとよく合う。マガキを使って[14]C年代測定をおこなったところ6,210±85年前の年代を示し，菊名貝塚の形成年代と一致する。すなわち，菊名貝塚人の採貝対象域は，貝塚の西方に拡がる古鶴見湾の干潟であったことを示すものである。最近出版された桑山龍進の研究によれば，上述の内湾性貝類以外に少量のアワビ，トコブシ，ウバガイの外洋性種の出土が明らかにされている。これらの貝は古鶴見湾をはじめ東京湾内では生息していない種である。したがって外部から持ち込まれたことを示唆し，とくにウバガイは寒流系種であることからその可能性が一層強い。

（3） クッチャロ湾と日の出貝塚

クッチャロ湾は北海道北部のオホーツク海沿岸のクッチャロ湖（大沼と小沼）を主体とする低地に，海進最盛期に形成された内湾である。オホーツク海岸線と平行して発達する浅茅野台地と浜頓別台地の西側の凹地にみられる内湾で，湾口の幅が2km，湾奥まで奥行12～13km，複雑な海岸線の入江である[6]。

大場利夫・菅正敏により調査された日の出貝塚は，浜頓別市街地をのせる海抜20mほどの浜頓別台地北西端（クッチャロ湖大沼の東沿岸台地上）に位置する。その形成時期は縄文早期末葉から中期である。貝塚の貝類組成は大場・菅と浜頓別町教育委員会に保管されている同貝塚出土の資料から，ホタテガイ，マガキ，ウネナシトマヤガイ，

ヤマトシジミ，カガミガイ，ビノスガイ，ウバガイ，シオフキ，アサリ，アカニシ，ヒメエゾボラなどである。これらの種は生態的特徴から，ホタテガイ，ビノスガイ，ウバガイ，ヒメエゾボラなどの外洋種とマガキ，ウネナシトマヤガイ，ヤマトシジミ，カガミガイ，シオフキ，アサリ，アカニシなどの内湾性種に分けられる。外洋種は貝塚の東側に広がるオホーツク沿岸から採取していたものであり，内湾性種は貝塚西側にみられるクッチャロ湾より採貝してきたものであろう。当時のクッチャロ湾は遠浅で干潟が発達し，湾奥部には広範囲にわたってカキ礁が形成され，砂質底には現在のオホーツク海沿岸では全く生息していない暖流系内湾性種のハマグリ，シオフキ，カガミガイ，アカニシなどの貝類が生息していた[6]。とくに貝塚地点から南方へ約2.5km付近では，当時干潟となり，そこの貝類組成とその[14]C年代が，日の出貝塚の内湾性種と合う。したがって，この付近まで採貝領域であったといえよう。

日の出貝塚の形成された場所はクッチャロ湾の湾口という地理的な位置に恵まれ，内湾の干潟にも，オホーツク海岸へも手軽に出かけ，内湾性種，外洋性種と多くの種類に富んだ採貝活動をおこなうことができた。

これと地理的によく似た場所は，湾口部の対岸，浅茅野台地南端にあり，ここにも貝塚の形成されたことが予想される。今後は貝類群集の分布から内湾の環境を復原し，それを基に貝塚の形成，分布などを予測できる可能性が生じてきた。

註

1) 松島義章・大嶋和雄「縄文海進期における内湾の軟体動物群集」第四紀研究，13—3，1974

2) 松島義章「南関東における縄文海進に伴う貝類群集の変遷」第四紀研究，17—4，1979

3) 酒詰仲男『日本縄文石器時代食料綜説』土曜会，1961

4) 金子浩昌「縄文時代の生活と社会―貝塚と食料資源―」日本の考古学II縄文時代，1965

5) 金子浩昌「貝塚に見る縄文人の漁撈生活―縄文時代貝塚の類型と特徴―」自然，80—2，1980

6) 松島義章「北海道クッチャロ湖畔の海成沖積層の[14]C年代とそれに関連する問題」神奈川県立博物館研究報告自然科学，13，1982

1．日の出貝塚
2．B−1～3
3．P−1，2

北海道北部クッチャロ湖畔の日の出貝塚と古クッチャロ湾[6]
1：日の出貝塚　2：ボーリング調査位置　3：ピットの位置

採集対象植物の地域性

名古屋大学助教授
■ 渡辺　誠
（わたなべ・まこと）

1　縄文時代の食用植物遺体

　縄文時代遺跡から検出されている植物遺体は，一覧表に示す208遺跡出土の39種である[1]。ただしこれは1975年現在のものであり，その後若干の増加がみられる。この増加は，1976年よりはじまった特定研究『古文化財』の成果によるところが大きい。この成果を踏まえて新しい表を作成する必要があるが，今年度がその最終年度に当っており目下整理中である。

　39種のうち，イネは北部九州の晩期終末にみられるのみで，弥生時代の幕あけを示すが，縄文時代の基本的性格とは関係ない。これを除き遺跡からの出土率の高い種をみると，クルミ，ドングリ類，クリ，トチの順で多く，他は低率である。これらはいずれも堅果類で，蔬菜類や地下茎・球根類はほとんど遺存していない。この検出の困難な植物については，上記堅果類，とりわけドングリ類やトチのアク抜き技術水準や，採集・加工用の道具類との関係において検討するしかない。

2　クルミ

　先にあげた4大堅果類は，アク抜きを必要とするトチとドングリ類の大部分と，それを必要としないクルミ・クリとドングリ類の一部と二大別される。

　クルミは殻がかたいためもっともよく残っている堅果であるが，これにはオニグルミとヒメグルミの2種が検出されている。ヒメグルミはオニグルミの亜種であるからあえて区別する必要がないという生物学者もあるが，脂肪分が少なく味が落ちるといってはっきり区別されており，やはり区別すべきであろう。実をお土産品として売られているテウチグルミは，元来明治時代に銃座用として輸入されたものである。

　クルミは，北海道・本州・四国・九州全域に自生する落葉高木であるが，実は縄文遺跡では北海道から近畿地方にかけて多く出土している。草創期から晩期までの各時期に出土しているが，前期からは，青森県一本松遺跡のように貯蔵穴につまって発見される例が出現する。もっともこれは貯蔵穴としてばかりでなく，果皮をくさらせるために穴にいれたとみるべきかもしれない。クルミにはあまり生貯蔵の必然性がないように思われるからである。

　クルミは落下した果実をくさらせ，果皮をとり，種子をよく乾燥させて保存する。青森県平賀

縄文時代遺跡出土の食用植物一覧表

1.	いちい科	カヤ	21.	やまごぼう科　ヤマゴボウ
2.	いぬがや科	イヌガヤ	22.	すいれん科　ハス
3.	〃	ハイイヌガヤ	23.	ばら科　シャリンバイ
4.	やまもも科	ヤマモモ	24.	みかん科　サンショウ
5.	くるみ科	オニグルミ	25.	〃　イヌザンショウ
6.	〃	ヒメグルミ	26.	とうだいぐさ科　アカメガシワ
7.	かばのき科	ハシバミ		
8.	ぶな科	ブナ	27.	うるし科　チャンチンモドキ
9.	〃	クリ	28.	とちのき科　トチノキ
10.	〃	コナラ	29.	ぶどう科　ノブドウ
11.	〃	ミズナラ	30.	またたび科　マタタビ
12.	〃	クヌギ	31.	つばき科　ツバキ
13.	〃	カシワ	32.	ひし科　ヒシ
14.	〃	アカガシ	33.	〃　アズマビシ
15.	〃	アラカシ	34.	うり科
16.	〃	イチイガシ	35.	いね科　マコモ
17.	〃	ツブラジイ	36.	〃　イネ
18.	〃	スダジイ	37.	〃　ササ類
19.	〃	マテバシイ	38.	かやつりぐさ科　クログワイ
20.	くわ科	カジノキ	39.	ゆり科　ノビル

クルミ出土遺跡分布図　　　クリ出土遺跡分布図

町石郷遺跡（晩期）では，あたかも集積して果皮をくさらせているかのように，約1,000個のオニグルミがまとまって出土した。左右の両殻があわさったままで，種子の尖端も欠損していない。割る時はこの尖端をたたくと殻が左右に割れて分かれるのであるが，敲き石（凹石）はこの道具と考えられ，分布状態も類似している。

3 クリ

クリは，北海道西南部から九州にかけて自生するが，縄文遺跡からは北海道と九州を除く青森県から高知県までの範囲に出土している。とくに東北地方から中部地方に多い。北海道に出土しないことは，クルミと異なる重要な特徴である。時期的には，早期から晩期の各時期に出土している。静岡県沼津市元野遺跡のピット中出土例がもっとも古い。千葉県加曽利貝塚でも後期に属する貯蔵穴中よりクリが多量に出土している。ただしこれは短期の生貯蔵であり，一種の加工技術である。決して長期保存のためでないことは，穴を掘ってクリの実を埋めてみると翌春には発芽してしまうことでも明らかである。日本各地や韓国では，甘味を増すために一冬だけ穴に埋める風習がある。そして土の熱で発芽するのを防ぐため，砂と一緒に埋めるという。

4 ドングリ類

ドングリ類は，アク抜きを必要とする種類と不要な種類とがあり，分布地域をも異にしている。植物分類学上は，コナラ属とシイノキ属・マテバシイ属の種子をさすが，アク抜きの関係を主にして，民俗学的には下の表のように分類される。

A種は，クヌギ・アベマキなどのまんまるいド
ングリで，いわゆるドングリまなこのドングリである。これらの食べ方についての伝承は途絶えている。アクが強いためかとも考えられるが，樹上にある時から虫のつき易い種類でもあり，敬遠されていたのかもしれない。遺跡からの出土例も非常に少ない。隣国の韓国ではこれを現在ムックの材料としているが，種子落下をまたず樹をたたいて落して採集するため，まだ虫のつかないうちに採集できているらしい。

B類は，A類とともにコナラ属コナラ亜属に属すミズナラ・コナラなどで，ともに落葉樹であり，東北日本の落葉樹林帯の代表的樹木である。これのアク抜きは，水にいれて何度もたいてはアクをすて，アクが出なくなった段階で一晩水にさらして食用化する。このアクは水溶性のタンニンであり，灰を加える必然性はない。実際には灰を使っているところもあるが，これは別に記すトチのアク抜きからの影響であり，分布も重なっている。

C類は，コナラ属アカガシ亜属のカシ類のドングリであり，西南日本の照葉樹林帯の指標種の樹木である。このアクもタンニンであるが，水さらしのみで加熱工程がない。これはタンニンの複雑な性質を顕著に示しており，単純にタンニンの含有率で理解できるものとは思われない。このアク抜きの工程の差は，東北日本と西南日本との地域差でもあり，煮沸用具としての土器の消耗率の差としても，重要な一因をなしているのではないかと推定される。

D類のドングリには，シイノキ属のスダジイ・ツブラジイとマテバシイ属のマテバシイの他に，カシ類中のイチイガシも含まれる。これらもまたC類とともに西南日本の照葉樹林帯の指標的な樹木である。

ドングリ類の分類

民俗分類	属		種（出土例）	民俗調査例のあるもの	森林帯	他の堅果類
A．クヌギ類 　アク抜き伝承の 　途絶えたもの	コナラ亜属	コナラ属			落葉広葉樹林帯（東北日本）	クルミ クリ トチノキ
B．ナラ類 　水さらし＋加 　熱処理			ミズナラ コナラ	ミズナラ コナラ		
C．カシ類 　水さらしのみ	アカガシ亜属		アカガシ アラカシ	アラカシ・シラカシ・ウラジロガシ オキナワウラジロガシ	照葉樹林帯（西南日本）	
D．シイ類 　アク抜き不用			イチイガシ	同左		
	シイノキ属		ツブラジイ・スダジイ	同左		
	マテバシイ属		マテバシイ	同左		

これらはまったくアク抜きのいらないドングリである。

　縄文遺跡出土のドングリ類もまた，東北日本の落葉樹林帯と西南日本の照葉樹林帯に対応するように，東北日本にはナラ類のドングリ，西南日本にはシイ・カシ類のドングリが出土している。このもっとも古い例は，本誌に河口貞徳先生によって紹介されている鹿児島県志布志町東黒土田遺跡の貯蔵穴中出土例であり，草創期の隆帯文土器に伴うものである。これは果皮のとれた子葉のみであるが，粉川昭平先生の鑑定では少なくともシイ類やイチイガシとはみられないとのことであった。したがってアク抜きを必要とする種類ということになるが，この段階にすでにこの技術が開発されていたとは考え難いのが現状である。土器の出現の具体的契機を探る上でもきわめて重要であり，今後なお十分に検討を重ねる必要がある。

ドングリ類出土遺跡分布図
●A類
○B類
◎C-D類
△不明

　これを除くとドングリ類の貯蔵穴もまた前期より増加する。そして縄文中期農耕論の代案としてドングリ類のアク抜きなどによる食料源の安定が考えられてきたのであるが，上記の例を踏まえて，ドングリ類の遺体と関連現象のみに限定して，改めてアク抜きによる食用化の開始を検討すべき段階にきているといえよう。

　その場合まず問題になるのは種の同定である。これをおろそかにすると理解は浅薄なものになってしまう。考古学に援用すべき民俗調査もまた同様であり，ドングリの食べ方などといった報告は役に立たない。江戸時代の救荒書がそうであったように，ナラの実の食べ方，カシの実の食べ方と明記されるべきである。次に貯蔵穴とよばれている遺構に対する理解の問題であるが，これも種の同定と関係がある。先に記したように土中にいれるのは生貯蔵が目的であって，長期には十分な乾燥と屋根裏貯蔵でなければならない。弥生時代にもしばしばドングリの貯蔵穴がみられるが，アク抜きのいらないイチイガシであることが多い。

5　トチ

　トチのアクは，ドングリ類のタンニンと異なり非水溶性のサポニンやアロインであり，山村では別格にアク抜きの難しいものとされている。このアク抜きには必ずアルカリで中和して流し去る必要があり，灰あわせとよばれている。しかしこの技術さえ開発されれば，実は大きい上に長期保存が可能であり，きわめて重要な食料源となり得ることは，つい最近まで重要な救荒食料であったことからもわかる。正月に今でもトチモチをつくところが少なくない。

　トチは落葉高木で，北海道南部・本州・四国の山地に生じ，九州にもまれにみられるが，遺跡の出土例もまた主に東北地方から近畿地方，および中国地方の一角にまでに多い。この分布状態は，北海道に出土例がないこととともに，クリの場合と類似している。

　トチの食用化の上限は，従来後期初頭までしかたどれなかったが，岩手県石鳥谷町大地渡遺跡のEe 68 号住居址より多量のトチの実が出土するに及び，中期後半の大木 8 b 式期までさらに確実に遡ることとなった。これによって従来福島・新潟・長野・岐阜県下などで，中期後半の住居址から断片的に出土していたトチの実も再評価されることになった。かつて中期のクリは大きいといわれていたが，トチの実の見間違いではなかったろ

●トチモチ
○トチのコザワシ

トチの実を食した地域　19～20世紀，1点1市町村

トチの実出土遺跡分布図

典型的な複式炉　新潟県津南町沖ノ原第1号住居址

うか。完形ならばともかく，破片では区別しにくいものである。

　上限が中期後半まで遡るとなると興味深いのは，ほぼ同じように分布している複式炉である。複式炉は大木9・10式期にもっとも発達し，典型的な例にこだわらなければ，東北中・南部の大木文化圏を中心に，青森県から福井県下にまで分布している。これは燃焼部以外の敷設をもつことが重要な特徴であるが，これを大量の灰の確保と関連づけて考えることが，分布論から可能であろう。トチの灰あわせには「トチ1升・灰1升」といい，食べる量と等量の灰が必要なのである。このため山村では平素から灰をすてずに，かつ火事を出さないようにブリキ缶に入れて，沢山蓄えていたのである。これはまた容器としての土器の消耗率とも関連するであろう。しかしこれは複式炉でなければ駄目ということではないのであり，トチ食用化の上限はさらに古く遡るであろう。複式炉の原初形態の追究とともに，大形炉についても十分留意する必要があろう。

　さらに視点をかえれば，長方形大形家屋址も重要になってくる。屋根裏貯蔵を意識したこの種の家屋もまた類似した分布を示すばかりでなく，その上限は前期初頭にまで遡ることが判明している[2]。

6　地下茎・球根類の問題

　トチの実とその関連現象は主として東北日本にみられ，かつやや日本海側にかたよっている。この南側の外縁に発達しているかの観があるのが打製石斧である。打製石斧は中期農耕論の後退に伴い，クズ・ワラビ・ユリ・カタクリ・テンナンショウ・ヤマイモなどの地下茎や球根類の掘り棒の先につけるものとの見方が一層有力になってきた。西関東地方から中部地方の前期から中期にかけて発達した打製石斧は，同心円的には分布を拡大せず，後期になると近畿地方から九州地方へと伝播している。北への影響が強くないのは，アク抜き・水さらしの技術による対象植物の地域差を反映しているのであろう。

　打製石斧は従来縄文中期農耕論の中核をなしていた遺物であるが，これを上記の分布状態やトチの実の問題などと関連させれば，むしろアク抜き・水さらし技術の発達した新段階の波及した外縁に位置する遺物と考えた方が，無理がないのではないだろうか。中期文化論の視点を，中部地方から東北地方に移してみる必要が大きいことを強調しておきたい。

　東北北部に発達した木目状撚糸文が，中期初頭には日本海沿いに福井県下まで南下する現象や，土偶がまれであった中部地方に，中期になると東北地方なみに増加する現象も，これらと関係があるのではないだろうか。

註
1)　渡辺　誠『縄文時代の植物食』雄山閣，1975
2)　渡辺　誠「縄文時代におけるブナ帯文化」地理，26—4，1981

複式炉分布図　　　　長方形大形家屋址分布図

特集●縄文人は何を食べたか

食料の漁猟・採集活動と保存

縄文人は毎日の食物の調達をどのようにして行なったのだろうか。そしてその保存方法にはどんな知恵を働かせたのだろうか。

弓矢と槍／家犬／おとし穴／釣漁と銛猟／網漁／製塩／浅鉢形土器／注口土器／植物調理用石器／解体調理用石器／大形住居址／貯蔵穴

弓矢と槍

千葉県教育委員会
鈴木道之助
（すずき・みちのすけ）

1　最も代表的な狩猟具

　わが国の石器時代の狩猟活動を知る上で弓矢，槍は最も代表的かつ重要な道具である。
　いずれも木や竹などの柄に簡単な石器や骨角器をとりつけただけのものであるが，その刺突力は相当なもので，一撃必殺とはいかぬまでも，獲物の力を弱め，第二，第三の攻撃によって獲物を捕獲することが可能である。また，獲物から離れて行動できることも大きな利点であり，ことに弓矢，投槍の場合は，安全な距離から正確に狙うことができる。世界中のほとんどの地域で広く普及していった所以であろう。
　さて，弓矢と槍では，槍の発明の方が遙かに速く，古くは前期旧石器時代まで遡っており，英国のクラクトン文化期からは木製の槍が出土している。石製の槍先は，中期旧石器時代のムスティエ文化から本格化するが，ソリュトレ文化のみごとな尖頭器に代表されるように後期旧石器時代に著しい発達をとげている。後期旧石器時代も末期のマドレーヌ文化には鹿角製の投槍器を用いて遠心力を巧みに利用した投槍の存在が知られることから，投槍も広く普及していたものであろう。
　一方，弓矢は，弓の反発力と弦の張力という物理的な力を応用した高度な狩猟具である。ヨーロッパでは後期旧石器時代最終末あるいは晩期旧石器時代に登場するようで，北ヨーロッパのアーレンスブルグ文化では矢柄の発見もある。遠隔の目標に向かって放たれるという点では投槍と弓矢は相似ているが，弓矢のもつ命中精度，刺突力，狩猟具としての携行性などは投槍に較べて優位である。ヨーロッパにおいても弓矢の出現以後，急激に投槍が消滅していくのも弓矢の普及と関連するものとみられている。

2　槍の発生と発達

　槍先として確実視される石製の尖頭器は槍先形の尖頭器（ポイント）もしくは石槍と呼ばれるが，わが国における尖頭器の初現はナイフ形石器の盛行期に当たる。神奈川県本蓼川遺跡，東京都西之台遺跡から出土した両面加工の尖頭器が最も古い例であろう。その後，ナイフ形石器の衰退とともに尖頭器は著しい発達を遂げていくが，初期の尖頭器は比較的小形であり，加工部位が両面の他に片面や周辺部のみのものなど変化に富んでいる。
　槍先形尖頭器の出現以前においても槍は存在したものと考えられている。ナイフ形石器あるいは切出形石器は，切削具としても使用されていると推測されているが，その主用途は槍の尖端に使用されたものであろう。諸外国の例からみて幾何学的な形状をもつ小形のナイフ形石器は，溝を付けた鹿角などに複数個植刃したと考えられる。した

がって，わが国では先土器時代のうち，その存在に異論のない後期旧石器時代については，当初から槍は主要な刺突具であったといえよう。

ナイフ形石器という刃器から，肉厚で強度に優れた尖頭器への器種の転換は，石器の製作技術の発達と同時に，先土器時代後半期における狩猟相とも大きな関係があったと考えられる。先土器時代の狩猟の対象は，遺跡出土の動物遺存体が少ないことから推定することが困難であるが，長野県野尻湖，岩手県花泉化石床などの例から，ナウマン象，オオツノジカ，野牛などの大形獣であったといわれている。しかし，こうした獣類が尖頭器の発達期にも狩猟の主な対象であったかは疑問の残るところである。縄文時代の初現期の遺跡である愛媛県上黒岩，埼玉県大谷寺，山形県日向などの洞穴遺跡出土の動物遺存体はイノシシ，ニホンジカ，ニホンザル，カモシカ，アナグマ，テンなどで，イノシシ，ニホンジカが中心となる後氷期型の狩猟相であり，わずかに広島県馬渡岩陰遺跡でニホンジカなどとともにオオツノジカが断片的に発見されたにすぎない。尖頭器の発達期から縄文時代までは時間的には短いこと，オオツノジカ，ナウマン象の発見された土層の年代が古すぎることから，尖頭器の発達期にはすでにナウマン象は絶滅もしくはそれに近い状態であり，オオツノジカも地域的に限定され，もはや日常の狩猟の対象ではなかったと考えられる。尖頭器の発達そして弓矢の出現の背景には，ヴィルム氷期型から後氷期型への動物相の大きな転換が生じていたことが無関係ではなかったであろう。

尖頭器が最も発達したのは縄文土器の発生前後である。初期の尖頭器に比べ長大なものが出現し，石器群の組成においても尖頭器の占める比率が高く，また絶対量も多くなり極盛期を迎える。とくに注目されるのは，基部に中茎を作り出した有茎尖頭器の出現である[1]。尖頭器よりも一般的に小形であるが，形状，大きさなど規格性は強い。北海道に分布する立川型，本州・四国に分布する小瀬ヶ沢型，柳又型が代表的なものである。有茎尖頭器は基部にいずれも返りをもつが，返りを生かして柄を装着するとすれば，かなり細くせざるを得ない。長野県柳又遺跡では基部の幅がわずかに 20〜25 mm であり，装着される柄はせいぜい径 10〜15 mm の細いものであろう。生命を託す槍の柄としては貧弱である。槍には突槍と投

槍があるが，有茎尖頭器は投槍として製作されたものであろう。先述のごとく，投槍と弓矢とは機能的に相似た面が多い。弓矢の普及後も通常の尖頭器は量的には激減するものの，縄文時代の各期に残存するのに対し，有茎尖頭器は極めて短命で，押圧縄文が使用された段階では完全に消滅してしまう。ヨーロッパにおいて弓矢の出現が投槍器を消滅させていった現象とよく似ている。

3 槍から弓矢へ

先土器時代の主要な狩猟具であった尖頭器は弓矢の出現により，主から従に転落する。地域による差異はあるが，全国的には大きな衰退をみており，尖頭器は稀な存在となる。北海道においては唯一例外で，尖頭器はいぜんとして多用されているが，これは熊狩に使われたものとみられている。矢毒を併用しない限り，熊猟に対しては弓矢はその力が小さいためであろう。有茎尖頭器はすべて消滅する。

縄文時代は，先土器時代に比べ，遙かに温暖である。海面は大きく上昇し，亜寒帯性針葉樹林，冷温帯広葉樹林におおわれていた日本列島は，西日本から関東地方の海岸線地域には照葉樹林帯が延び，東北地方から関東地方にかけては暖温帯広葉樹林帯が大きく広がっている。下木が繁茂し，行動がとりにくいうえ，嗅覚に敏感なイノシシ，ニホンジカなどに近づくことはなかなか困難であったと考えられる。突槍が時には投げられることもあり，やがて投槍を主目的とした狩猟具が独立発達していったであろう。弓矢は，樹間をぬってより遠くの獲物をより正確に射ることが可能である。人々は弓矢を手に入れることによって，より強力な長い手を持つことになり，敏しょうな小形獣，空を飛ぶ鳥をも狩猟できるようになったのである。

弓矢の起源については，外来説と自生説があり，いずれも決定的な証拠には欠けているが，土器型式でわずか2，3型式の間に全国的に普及していった事情は，先土器から後氷期にかけての植生及び獣類の変遷により有効に対処できたためであろう。

4 弓 矢

わが国における弓矢の初現は，縄文時代の開始とほぼ時を同じくしている。先土器時代の小形ナ

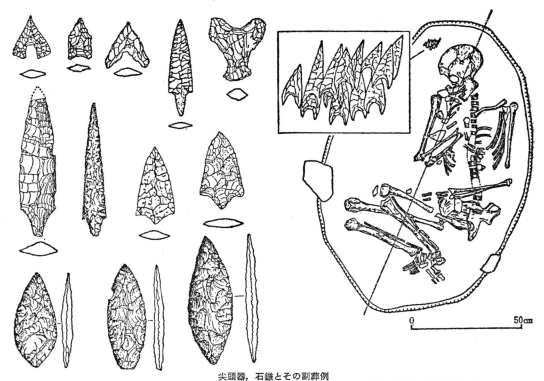

尖頭器, 石鏃とその副葬例
左上段：石鏃各種（1/2） 中段：有茎尖頭器各種（1/2）左から立川型，小瀬ヶ沢型，柳又型（2点）
下段：発達期の尖頭器（1/4） 右：新潟県堂の貝塚検出の石鏃を副葬した埋葬

イフ形石器の一部を鏃として使ったとする説もあるが積極的な根拠は乏しい。ナイフ形石器の一部を鏃とすると，ナイフ形石器の盛行時には弓矢が多用され，その後，尖頭器が多量に作られた段階では消滅に近い状況になり，再び縄文時代に弓矢の隆盛ということになる。先述の有舌尖頭器の消長も併せて考慮すると，ナイフ形石器を矢の鏃とするには無理がある。

弓矢は弓・矢柄・鏃・弦などからなるが，縄文時代の弓は，小は約 30cm，大は約 160cm であるが，概して 1m 前後の短弓が多い。極端に小さいものは狩猟用の弓としてよりも，発火する道具である「火きり杵」や穿孔に用いる弓ドリルの回転具として使用した可能性もある。弓の素材はイヌガヤ，イチイなどの弾力のあるものを選定している。「樋」と呼ばれる 1 条の細い溝を切って，弓の反発力の均等化，強度調整を図ったものもあり，弭やにぎりの部分には桜の皮を巻いて強度を補った例も多く[2]，狩猟具に対する縄文人の傾注がうかがわれる。なかでも青森県是川出土の縄文時代晩期の弓は漆を塗布した飾り弓であり，芸術品ともいえるみごとなものである[3]。

弦・矢柄の遺存例は，最近まで全くみられなかったが，北海道の札刈遺跡では有茎鏃に竹製の矢柄の一部[4]が，埼玉県寿能遺跡では無茎鏃にやはり竹の矢柄の断片が付着して発見された[5]。前者は縄文晩期，後者は後期の所産とみられているが，矢柄と石鏃の膠着剤はそれぞれアスファルト，うるしと考えられている。

鏃は縄文時代でも代表的な遺物である。材質によって石鏃，骨鏃，牙鏃などがあるが，最も一般的なものは石鏃である。茎の有無あるいは基部の形状により分類されることが多いが，特殊な形状のものには鍬形鏃，長脚鏃，五角形鏃などと固有の名称を付けられたものもある。長さ 10〜30mm，重量 0.5〜2.0g のものが多く，石器の中では最も小形の部類であるが，地域的，年代的な特徴も多く，また出土量も多い。有茎鏃は，縄文時代の初頭に稀に検出されているが，北海道，東北地方北部では前期初頭から石鏃の組成の一つとなり，中期に至ると無茎鏃に優越するようになる。東北地方南部でも後期中葉には一般化し，関東，中部地方では後期初頭に漸く流入をみ，後期中葉から末葉には東海地方に，晩期初頭に近畿地方に達し

ている。茎の有無は矢柄への装着方法に関連するが，膠着剤の使用も含めて今後の重要な課題であろう。

註
1) 鈴木道之助「縄文時代草創期初頭の狩猟活動」考古学ジャーナル，76，1972
2) 鳥浜貝塚研究グループ『鳥浜貝塚―縄文前期を主とする低湿地遺跡の調査』1979
3) 保坂三郎『是川遺跡』1972
4) 北海道開拓記念館『札刈』1976
5) 早川智明・井上肇「狩猟の道具―寿能遺跡の概要と出土遺物」月刊文化財，218，198

家犬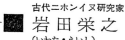

古代ニホンイヌ研究家
岩田栄之
(いわた・えいし)

犬はすべての動物のうちで人間にもっとも親しい関係にあるものであろう。それは他の家畜種よりもはるかに古く人間とつながりをもつ家畜となった。

1 縄文時代の犬

わが国において家犬の出現は，縄文時代早期初頭の神奈川県夏島貝塚にみられる。戦前久しくオオカミ馴化説，国内畜化説，海外渡来説が先学によって論ぜられてきた。旧石器時代からオオカミが多数棲息していたことはわかっているが[1]，家犬とおぼしき骨格の出土が未だなく，縄文時代早期初頭に沿海州，旧満州，大陸方面から半島経由で導入されたのではないか，と考える説が一般に定説化しているようである[2]。

西日本では愛媛県上黒岩岩陰の第4層から人骨を囲むようにして埋葬されていた例が報告されている。一方，東北地方では山形県日向洞窟出土の犬骨が前期とされているが，周辺出土の土器が無文，爪形文土器を主としている点を考えて，夏島貝塚の年代に前後するものと考えてよいのではなかろうかと加藤稔氏は述べておられる。また前期では宮城県上川名遺跡から史前最大の頭蓋骨が出土している。その大きさは現在の秋田犬牝の体格に近いものである。夏島，上黒岩両遺跡から伴出する石鏃数が少量である点は，弓の出現から時代の浅いことを物語るものではなかろうか。今後ケーソン工事により現海水面下の遺跡発見や，無土器時代の犬骨出土も予想される。

三浦半島に出現した家犬は，田戸下層式の文化が展開し始めた頃，周辺から南関東へ分布した。とくに注目すべきは「横須賀市の茅山下層式の条痕系土器が宮城県素山貝塚から出土し，広義の茅山式の時期に生産力の高揚がみられた」ことを岡本勇氏が指摘されていることである。茅山，吉井貝塚などのファウナから推測して，当時の採捕活動が多様なものとなり，しかも効果的なものとなったことが推定されると，林謙作氏は述べられている[3]。この遠隔地にまで達した茅山文化の進展は，茅山，吉井地区にすばらしく優秀な狩猟犬を育成していたためであろう。

縄文時代犬骨出土数

数\時期	早期	前期	中期	後期	晩期	計
出土数	20	37	39	56	8	160
%	12.5	23.1	24.4	35	5	100

晩期の犬骨出土数の減少は貝塚の激減によるもので，石鏃出土量が最高になるなど勘案し，犬も最多数期であったと私考する。

2 猟犬の効用

縄文時代から狩猟，漁撈，採集を取り去っては生活が全く成りたたなかったであろう。現代の優秀なライフル銃に眼鏡を取り付けて300m前方の標的に当てることは至難でないが，夜行性で，猿についで狡がしこい猪を探索，追跡，格闘し捕獲することや鹿，熊の成獣を捕獲することは，殺傷距離20m程度の石鏃での猟では，猟犬なくしてはきわめて困難なことである。

人類生存に衣食住の安定は，いかなる時代においても人間生活の3大条件ではなかろうか。その一例をあげると，

(1) 狩猟により新鮮で高単位な栄養，動物性蛋白質の提供。熊，猪の胆の薬用。
(2) 日常被服，冬季の防寒毛皮，骨利器の作製。
(3) 夜間における大型野獣ならびに他部族襲撃の予防。

犬はこれら縄文人の生活に欠くことのできない衣食住の確保に貢献したものと考えられる。

3 貝塚人とアノイリナーゼ

　私は犬の効用について無謀なまでの仮説を提起してみたい。鈴木尚博士は1963年「平坂人の体格と生活」を発表され，平坂貝塚人の骨格的特徴を綿密に述べられた[4]。その中でとくに注目すべきは，蹠骨の病変として第一中足骨をX線で検査して，2—5mmの間隔で少なくとも11本の線状陰影を認められたことである。これは骨幹横走陰影線とよばれ，成長期の病的陰影帯の変化したものと考えられるが，この平坂人は成長期に達するまでに数回にわたり骨の発育を一時停止させるほどの栄養失調があったものと述べられている。

　私はこの原因はアサリ，ハマグリなど二枚貝を生で多食したことによるアノイリナーゼ菌ビタミンB_1分解酵素の弊害によるものでなかろうか，と長年推考してきた。脚気の重症状から消化器，循環系障害，歩行不能さらには生命さえも失った人が多数あったことであろう。このアノイリナーゼ症の予防として，新鮮な獣肉により蛋白質，脂肪とくにビタミンB_1を摂取することが妙薬と知ったことであろう。

　雑草の繁茂する5月頃から秋までの閑猟期をうめるために，縄文時代中期の人々によって猪の飼育の試みのあったことを，佐原真，加藤晋平両氏が幼獣遺体，土偶例から指摘されている[5]。

　幾多の埋葬例，とくに人犬合葬例は主人に殉死したものであろう。縄文時代に家犬は生活に欠くことのできない存在であったと考える。

註
1) 芝田清吾『日本古代家畜史の研究』学術出版会，1969
2) 直良信夫『古代人の生活と環境』校倉書房，1972
3) 林謙作「縄文文化の発展と地域性」日本の考古学Ⅱ，河出書房，1965
4) 鈴木尚『日本人の骨』岩波新書，1963
5) 森浩一・佐原真・加藤晋平「座談会・古代日本人の技術と生活」歴史公論，6—5，1980

おとし穴

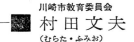
川崎市教育委員会
村田文夫
（むらた・ふみお）

　東日本を中心とする縄文遺跡からは，例外なく，と断言してもよいほど土壙が検出される。その位置も竪穴住居址が半弧もしくは馬蹄形にひらく縄文集落の中央広場部分からまとまって発掘されるケースと，丘陵斜面部から散発的に発掘される場合とがある。前者であれば，その機能は貯蔵穴説，墓地説が，後者であれば，動物などを捕獲する目的で掘られた陥穽（おとし穴）であろう，という考えでほぼ定着しつつある。だが，果してそう簡単に定説化してよいものであろうか。小文では，後者の土壙（以下，縄文土壙）＝陥穽説の周辺を検証してみようとおもう。

　最近，北海道江別市東野幌第4遺跡の土壙底部小ピットから逆茂木にしたと考えられる木製の杭が発見された。また，東京都多摩ニュータウンNo. 804遺跡では，土壙断面をスライス状に切断・観察し，土壙底部に穿たれた小ピットに棒状痕のあることを確認している。これらの所見が，縄文土壙＝陥穽説を支持するものにとってたいへん有利であることは明白だ。事実，民俗誌にも陥穽による動物捕獲の報告はいくつもあり，たとえば，信州・赤石山脈の麓遠山の谷では，シカを捕るのに穴を掘ってその中に竹槍を数本たて，落ちてきたシカが竹に突き刺さるような仕掛けになっていたという[1]。こうした陥穽で捕れた動物には，シカのほか，イノシシ・カモシカ・オオカミ・テンなどがあげられている。しかし，仮りに縄文土壙に民俗例と共通する要素——たとえば，逆茂木構造など——が認められるからといって，筆者にはいささかの躊躇もなく，縄文土壙＝陥穽説に与するわけにはいかないのである。

　たしか，縄文土壙＝陥穽説を主唱する今村啓爾氏，竹石健二氏らは，陥穽による捕獲動物をイノシシ・シカに限定せず，タヌキ・キツネ・ウサギ・ヘビなどの小動物類も含まれるという[2]。おそらく，こうした小動物類であるならば，縄文土壙でも容易に捕獲できようが，半面，それでは縄文人にとって十分な食糧源とはなりえないのである。長い研究史を誇る縄文貝塚が証明しているように，彼ら縄文人の格好の動物蛋白がイノシシ・

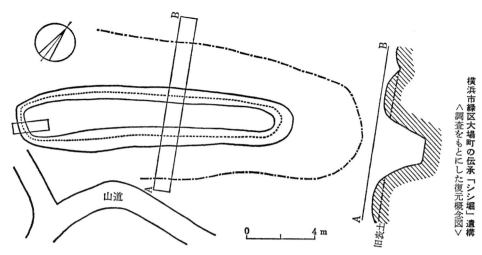

横浜市緑区大場町の伝承「シシ堀」遺構 〈調査をもとにした復元概念図〉

シカであったことは到底動かしがたい事実なのである。とするならば、イノシシ・シカが容易に捕獲できるくらいの陥穽でなくては、苦労して山中に穴を掘る意味がないともいえる。ちなみに、近時における縄文土壙研究の嚆矢となった横浜市霧ヶ丘遺跡の研究でも湿地にぬたをうちにくるイノシシの習性が考慮されているので、想定された主要対象動物がイノシシであったと解釈されても仕方がないであろう。

では、主要対象動物がイノシシであったとしよう。そうすると困ったことに、現在各地で発掘されている縄文土壙のほとんどが陥穽とするにはあきらかに規模が小さいのである。たとえば、前出霧ヶ丘遺跡の土壙123基の平均値が、長径 1.4m、短径 1.14m、深さ 92cm である。これに対し、イノシシの陥穽は各地の民俗例や東京都吉祥山遺跡で発掘された大穴遺跡＝猪穴が示しているように、上部径 2.5×1.3m 以上、深さ 2m 以上の規模がどうしても必要となっている。その理由は簡単で、そうでないと一旦落ちたイノシシが飛びだしてしまうのである。

また、筆者は仲間・友人達と横浜市緑区大場町で、イノシシの侵入を防ぐため山中に掘られた溝＝シシ堀を試掘したことがあるが、その溝の深さもやはり約2m であった。同じように、イノシシの侵入を防ぐ目的で構築された石塁＝シシ垣も高さ 1.5〜2m を絶対条件とし、そのシシ垣にそって移動するイノシシを落とす円形の陥穽＝アテも深さは 1.5〜2m をはかる[3]。縄文土壙と比較したときのこの規模の相違は、今村氏のいう鉄製のシャベルで容易に穴が掘れる現在と、木や石の粗末な道具しかない時代との違いなどというような社会的な背景に理由があるのではなく、いわば動物がもつ生態学上の特質そのものの反映とみるべきである。

ちなみに、現在獲れるイノシシは、大きなもので 100kg 前後、普通は 60kg 前後。一方、縄文貝塚から発掘されるイノシシには、優に 150kg を超すと推定されるものも含まれている。ということは、仮に縄文時代に陥穽猟が盛行していたとするならば、それは現在採集できる民俗例による陥穽と較べて、同規模か、もしくはより大きくて深いことが理論的には望まれてくる。しかし、現実に各地で発掘されている縄文土壙が、それよりはるかに小規模であることは再度の説明を必要としない。加えて、イノシシは、鼻・耳・眼の順で感覚がすぐれ、嗅覚力と狡智にたけた習性をもつ。だから、陥穽にイノシシがなかなか落ちてくれないことは、多くの民俗例が教えてくれているのである。したがって、この問題は、縄文時代の食事文化における動物蛋白と植物食との相対的比重や狩猟法の総体の中における陥穽猟の位置づけなど、広い視野から論議をする必要がある[4]。

註
1) 千葉徳爾『狩猟伝承』法政大学出版局、1975
2) 今村啓爾「縄文時代の陥穴と民族誌上の事例との比較」物質文化、27、1976
   竹石健二「所謂土壙の機能についての一考察」史叢、25、1980
3) 吉福清和「西彼杵半島猪垣の考察」長崎西高紀要、5、1976
4) 小山修三「狩猟民族の人口は増えない」科学朝日、42—7、1982

37

釣漁と銛猟
―いわき海域を中心に―

日本考古学協会員
馬目 順一
（まのめ・じゅんいち）

　東北地方の東南端に位置する「いわき」は関東系文化と東北系文化の接点にあって，その漸移的文化の様相を具体的に把握しうる数少ない地域といえる。縄紋土器の型式構造の変遷，石器の消長，骨角器の系譜などは，そうした問題を論議する恰好の材料となっているが，とりわけ鹿角製釣針と鹿角製回転銛の展開は，もっとも尖鋭的なものとして著名である。いわき海域一帯が寒暖海流の混水帯としての特殊性をもつことから，当然推測されるところであるが，水産資源の豊かさと，その獲得利器の発達は相因果し，海洋生態系への適応を強め，そこに，縄紋漁撈様式の縮図を見せてくれる。

1　縄紋時代前期

　いわき地方唯一の縄紋前期に属する弘源寺貝塚は，オキシジミ，ハマグリ，カキを主体としてそれにヤマトシジミが加わり，魚類ではマダイ，クロダイ，スズキなど沿岸魚を多く出土するが，それらに混じて洄游魚のカツオの脊椎骨が少なからず検出されている。釣針はいずれも大木2a式期に属し，軸片1（40頁変遷図の2。以下同），彎曲部1（3），内鐖鉤片1（1）の3点の出土がある。しかし，鹿角を任意の大きさに割った釣針の未成品が6点も同時に検出されているので，かなりの量の釣針生産が意図されていたことを窺い知ることができる。製品は，いずれも中型に属する点で共通するが，未成品の1点に全長9.5cmを測る例（6）があって，大型品の製作も考慮されていたらしい。3点のうちには完器がないので本来の規模は判明しないが，未成品は全長4.5cm（5）前後と3cm前後（4）があり，前者が多いので中型を主体とし，それに小・大型が付随する組合せを推察できる。事実3点の製品のうち，軸頭が削り込み円頭形をなす1点（2）は全長2.8cmに，彎曲部の1点（3）は約4cm程度に，そして内鐖鉤部の1点（1）は，約5cm以上に復原可能なことからも，未成品と同様の組合せを考えてよいだろう。

　彎曲部外輪が尖る型式は大木4式期前後に入る岩手県清水貝塚，宮野F貝塚にあり，系統的には関東よりも東北に脈絡を求めうる。弘源寺貝塚の軸頭は内側にまで削り込みが入り，この点は岩手県の諸例とは一致しない。清水貝塚の未成品は縦溝が擦り切り手法により弘源寺貝塚の剔り込み手法とは異なっていて，技術的な関係は薄いといえよう。

　弘源寺貝塚の釣針は，その対象物をカツオに置く点は必然視されるとしても，それ以降が続かない。いわきの貝塚は弘源寺貝塚のあと中期中葉までその姿を消す。前期後葉から中期前葉の骨角器の趨勢はまったく明らかでないのである。

2　縄紋時代中期

　いわきにある貝塚23ヵ所のうち，中期から後期にかけては15ヵ所あり，漁撈活動が広範囲に展開される。この著しく膨脹する1つの要因は沿岸のマダイ漁，外海のカツオ漁にあったといってよい。その漁撈具は釣針で，銛の主体的な出現は後期までまたなければならない。大木8a式期は大畑貝塚26点（7，9～11）・未成品32点（12～

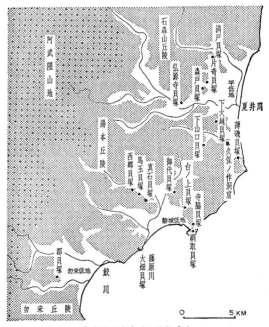

東北地方東南端の貝塚分布

15），下大越松林貝塚 7 点（8）・未成品 2 点，大木 8 b 式期は大畑貝塚 21 点（19, 21, 23〜25）・未成品 23 点（26, 27），台ノ上貝塚 4 点（20, 22）・未成品 1 点，大木 9 式期は大畑貝塚 1 点（31）・未成品 3 点（32），郡貝塚 1 点・未成品 2 点，総計 60 点，未成品 63 点が知られている。大木 8 a 式期には内鐖 1 点（7）が大畑貝塚にある以外すべて無鐖で，中型が多くそれに小型が伴う。彎曲幅の広い大型は下大越松林貝塚に 1 点（8）知られている。つぎの大木 8 b 式期でも外鐖 1 点（19）が大畑貝塚に存在するほかは無鐖となっている。

　大木 9 式期も無鐖を採用し前段の型式を踏襲するが，若干，細身に変化するのは軽視しえない。外形は前期以来の系統下にあり，その伝統は彎曲部外輪下端の尖状化（11）に生きている。直軸U字形（7, 19）・曲軸C字形（9, 10, 21）などいくつかの形態に分類されるとしても，基本は直軸U字形と考えてよいであろう。軸頭は削り込みの円頭形（2）だった前期とは異なり，外輪にスリット 2〜3 個を入れた尖頭形（22, 24）に変化する。中期貝塚の出現と釣漁の最盛期が大木 8 a 式期にある点で一致し，出現の背景もここに求めるべきだろう。前期には認められなかった粗製尖頭具（16〜18, 28〜30）による刺突漁が釣漁と併用され，マダイ，カツオの捕獲に一段の進渉が窺える。なお釣針の特色ある軸頭の形態は東北や関東に求めることはできず，日立市下高野貝塚に酷似する例のある以外はよく知られていない。仙台湾と三陸海岸とでも釣針の形態は異なり，地域的に強い個性を発揮しうる素地が中期には醸成されるのである。この時期に仙台湾では有茎銛が製作され，大型魚類への獲得に一段と拍車が加わるが，いわきの海域までは伝播せず，明確な地域差として把えられる。

3　縄紋時代後期

　独自の漁撈様式を生んだ縄紋中期の施撈活動はカツオ漁の衰頽と共に別種の洄游動物を求める方向に転換していく。後期の漁撈は前半と後半の小期に区分できる。前者は中期から継続する貝塚が多く，立地や環境に中期以来の習俗の上に立つ漁法の展開が可能であったのに対し，後者はまったく新たに形成された貝塚であり，釣針と銛の組合せが定着する新機軸の漁法を駆使したものであった。綱取 I 式期の釣針は大畑貝塚 18 点（34〜

37）・未成品 5 点，対岸の綱取貝塚 4 点・未成品 4 点，御代貝塚 1 点（33）で，外鐖 1，内鐖 1 の他は無鐖となっている。形態は中期の諸例と著しく相違し，軸頭は外輪削り出しの直軸V字形（35）に変化する。全体として彎曲幅が狭いため細身となる。東北地方にそのV字の体形は求められるが，軸頭の脈絡はむしろ関東地方に通じよう。中期に比較して未成品の減少は，そのまま釣針製作の需要低下を物語る。

　ここで問題にしたいのは，中期と後期との間には洄游魚や沿岸魚に顕著な違いが生じている。カツオ漁の貧困化，マダイ漁の低調化に対して，カジキマグロやスズキ漁の比率が高まってくることである。大畑貝塚や綱取貝塚で多く検出された「ノ」の字状の銛（38〜42, 52）は中期の粗製尖頭具（16〜18, 28〜30）の発展形態と推定しうるが，その出土量も中期のそれと似た傾向にある。沿岸漁撈の恒常性が指摘しうる。またこの時期に出現する有茎銛（43〜45）は，明らかに関東地方の有茎索肩銛文化圏からの伝播・影響が考えられなければならないが，全長 15.2 cm にも達する大型の索肩銛（45）は晩期でも見ることのできないものである。大型の洄游魚や生命力の強い海獣猟にはこうした逞しい銛頭の製作が要求されたのであろう。外洋性の水棲動物突きに使用されたのは疑いない。

　綱取 II 式期に至ると釣針は大畑貝塚 3 点（47, 49），御代貝塚 2 点（46, 48），下大越梅林貝塚 1 点（50）とその製作は減少し，「ノ」の字の銛も大畑貝塚 2 点（52）と退嬰化は進行する。中期以来続いた貝塚はこの段階ですべて廃絶する。気候と海流に変化が生じたのであろう。堀之内 II 式期から加曽利 B III 式期の貝塚は未検出で，曽谷式期になって再び貝塚が生成される。縄紋後・晩期の海進と関係があるらしい。

　曽谷式（貼瘤土器）期には寺脇貝塚から釣針 1 点が出土しているが銛は明らかでない。安行 I 式期は寺脇貝塚で釣針 5 点（53），有茎の索肩銛 2 点（65），「ノ」字状銛 2 点の組合せを示すが，これは，すべてB地区の成果であるから当然A地区における鹿角製漁撈具のなかには，この両期，あるいは安行 II 式期に属するものも含まれているはずである（単式釣針 50 点，有茎銛 65 点。試みに「ノ」の字銛は 29 点がある）。とすれば，両期の数はより増加することは必定となる。しかしA地区の資料

39

鹿角製漁撈具（釣針と銛，鉤）	遺跡名

大木2a式期	単式釣針 ... 1〜6 弘源寺貝塚
大木8a式期	粗製尖頭具 ... 7,9〜18 大畑貝塚 8 下大越貝塚
大木8b式期	19,21,23〜30 大畑貝塚 20,22 台ノ上貝塚
大木9式期	31,32 大畑貝塚
綱取Ⅰ式期	「ノ」の字形銛　有茎索肩銛 ... 33 御代貝塚 34〜39,42〜45 大畑貝塚 40,41 綱取貝塚
綱取Ⅱ式期	46,48 御代貝塚 47,49,51,52 大畑貝塚 50 下大越貝塚
後期後葉	53〜65 寺脇貝塚
晩期前葉〜大洞C₂式期	組合せ釣針　刃溝銛　有茎索肩・孔銛　閉窩式回転銛 ... 66〜92,94 寺脇貝塚 93 眞石貝塚
大洞C₂〜A式期	95,96,98〜100 薄磯貝塚 97 久保ノ作洞窟

0　　5　　10cm

東北地方南部の鹿角製漁撈具の変遷

のうち，土器型式との対応関係が判明するものは残念ながらいたって少ない。

曽谷と安行Ⅰ式期の両期における釣針の形態差はほとんどないが，綱取Ⅱ式期との間には大きな差異が窺われる。尖状の軸頭は綱取Ⅱ式期からの発展継承が見られるとしても，軸径が増して太くなり彎曲部のⅤ字に狭い内側は広くＵ字形をなす（53）。しかし中期のように軸と鉤がほぼ併行関係に置かれるような双方垂直位を示すものはなく，鉤先は内側に傾き，軸頭も内彎する（54）。小型はなく中・大型となり，とくに大型製品の作出（55，56）が多くなるのも後期前葉の様相とは区別しうるし，釣針加工の丁寧な後期前葉の技法は，自然面を多く残す粗化の著しい釣針（55）に変わるのも指摘しておかねばならない。

一方，刺突具には後期前葉以来の「ノ」の字の䇴（57〜60）がある。精巧な製品を作出した後期前葉に比べて，釣針同様粗い作りとなる。索肩銛はやや小振りとなり，片側にのみ鐖を作出した新たなる型式（65）が，仙台湾における組合せ多鐖䇴の変則的な伝播によって出現する。後期前葉の太く逞しい銛が姿を消すのは，その対象となる獲物が大型海獣から魚類に変化したことを示す。積極的な海獣猟は燕形銛頭の出現までまたなければならないのである。ところで，寺脇貝塚Ｂ地区の漁撈具の百分率は銛22％，䇴22％，釣針56％となり，釣漁法が全体の6割を占め，銛突きと䇴突きがそれぞれ2割程度に行なわれていたのを知る。獲得した水棲脊椎動物の内分けはマダイ70.9％，サメ類19.4％，マグロ3.9％，カツオ5.8％となるから，漁撈具の構成体をこれに対応させるとマダイなどの沿岸漁撈には釣針と䇴，サメ・マグロ類などの外海漁撈に銛，そしていわきの貝塚人が一貫して行なった釣漁法によるカツオ漁を追加することにより，その対峙がかなり意味のあることになる。暖系洄游族のカツオ・マグロ漁の涸落は後期前葉以来，この後期後葉でも指摘しうるのである。

4　縄紋時代晩期

晩期になると寺脇貝塚の漁撈活動は一変し，新式改良の利器を携えて積極的に外海へと操業を拡伸し，日本先史でも稀有の鹿角製漁撈具文化を形成してゆく。

大洞 C_2 式前半の型式に主体となって使用されたのは，軸と鉤とが別作りの組合せ釣針軸17点（69，70，73）・鉤13点（71，72），外鐖2付単式釣針5点（66〜68），先端に石鏃などを填入させる刃溝鏃37点（74，75），有茎索孔銛5点（78，79，82，83），閉窩式回転銛21点（84〜92，94）がある。ただ大洞 C_2 式以前のいわば晩期前葉にもこれらの一部はすでに出現していたことは推測しうるが，なお不解明である。いずれにしても，これらの鹿角製漁撈具は三陸・仙台湾に栄えた骨角器文化の飛散現象の一環として理解しうるが，施撈技術とその利器製作はこうした外からの強い刺激を受けつつも，いわき固有の特色ある様式を堅固に保持している。環境に対する適応の違いに驚かされる。

組合せ釣針は，鹿角製単式釣針の彎曲部の弱さを改良して新たに発案されたいわき独自の漁具と考えてよい。この期の分布は他に真石貝塚1点が知られている。外鐖を2個つけた釣針は直軸Ｕ字形（66，67）と曲軸Ｃ字形（68）の2態があり，そして後期以来の「寺脇報告分類」のＦ型（56）も同時に使用されていたと思われる。マダイを中核とする沿岸魚を対象にしたと考えられよう。後期に発達した「ノ」の字の䇴は，晩期では頭部に鐖を備えるようになり，一部銛との区別が困難な例も増えてくる（77）。刃溝鏃（74，75）は水切りがよく，堅い皮質の動物を刺突するに適した新型鏃である。沿岸を浮遊する上層魚，索餌時に浮上する下層・底棲魚などはその主なる目標物となったことだろう。鐖がつき基部に索肩状の拵えをもつ漁具（76，78，81）を䇴とするか銛と見るかは意見の別れるところであるが，これも他地域に見聞しない製品であろう。

閉窩式回転銛は外海水棲動物を捕獲する，まったく新しい利器である。仙台湾では，縄紋前期に胚胎し，後期後半に盛況化して晩期末に及んだが，いわきでは少なくとも後期の安行Ⅰ式期までには存在せずそれ以降に出現するが，その盛期は大洞Ｃ式期前後とすべきである。いわきの漁撈具では，もっとも個性豊かな回転銛の形態は有脚型（84〜87）と有尾型（88〜94）に分類され，後者の一部に仙台湾の後期末〜晩期初の特徴を読みとる以外に明確に彼地との対応関係を知る資料はない。こうしたことが禍し，編年学的型式研究は未完となっている。主な対象物は，釣針とは対称的なサメ類，カジキ，マグロそして海棲哺乳類があ

げられよう。寺脇貝塚に代表されるごとく，縄紋後期後葉が単式釣針や刺突具による沿岸性漁撈であったのに対し，晩期になると，その沿岸漁撈を年間操業として温存し，季節的に固定される外海資源の獲得に積極的に鋭進して行く。

寺脇貝塚に代表される閉窩式回転銛は，いわきの沿岸にのみ分布し，他の隣接地域にまで顕著な影響を示さなかったのは千葉県余山貝塚や，福島県小川貝塚の回転銛のあり方からも支持される。茎槽をめぐって短い脚がつく有脚型と茎槽基部の背側に延びる距のある有尾型に大別し，有脚型はさらに体部に穿たれた索孔（85）と索溝（84，86，87）との2種に細別しうるし，脚数の数により3脚（85〜87）と4脚（84）との区分も可能である。この有脚型で注意すべきは，体部に鋭い逆刺状の外鐖を作出した例や，頭部に刃溝をもつ例のない点である。こうした有脚銛は後・晩期に仙台湾や三陸海岸にはまったく存在せず，その意味で寺脇貝塚の有脚銛は縄紋世界では孤立しているが，だからこそこの銛を寺脇貝塚人が考案した独創的所産との理解も開かれることになるのである。

有尾銛は頭部に腹から背にかけてV字の刃溝の有無で2別したいが，有尾銛の大多数が頭部に刃溝を備えている点からして，有尾銛はすべて刃溝型にするという強い規制が働いていたとも解しうる余地がある。体部には索孔（90，91）と索溝（88，89，92〜94）の有無により細分もできる。尾部のあり方においても，仙台湾や三陸海岸のような外方へ強く突き出るものはなく，その度合はいたって弱い。尾端の場合も東北方面に見られる3〜4叉の例はなく，すべて二叉尾である。この点もまた1つの地域色と断じてよい。体部に穿たれる索孔は多少の事例を不問とすれば回転銛の最大公約数的特徴といえるが，寺脇貝塚に限ってはむしろ索溝が一般的になっているし，その体部に鋭利な鐖をもつものが絶無なことも，寺脇貝塚の回転銛

の表徴をよく伝えている。

5 縄紋時代晩期末葉

縄紋晩期の大洞 C_2 式期に属する寺脇貝塚は隆盛の一路を辿ったが，大洞 C_2 式後半になると寺脇貝塚は突如消滅する。この期以降，いわきの石器時代漁撈を知る手掛りは，平低地の南端に外海を見下ろす小丘陵に形成された薄磯貝塚とその近郊の久保ノ作洞窟以外にない。久保ノ作洞窟からは組合せ釣針の軸が1点（97）出土し，薄磯貝塚からは組合せ釣針の軸未成品1点（96），内鐖1釣針1点（95），閉窩式回転銛6点（98〜100）が採集されている。これら3種の漁撈具のなかで寺脇貝塚と共通するのは組合せ釣針のみで，他はまったく異なっている。これは重大な事実であって，例え両者間にわずかではあるが時期差を認めたとしても，型式上の系譜に強い断絶が窺われる。直線距離にして9kmにも満たない両遺跡間の陸海がこれほど大きな障壁になっていたとは，まさに驚きの一言につきるのである。これは一方から見れば人間の交替とも推考しうる。寺脇貝塚に代表される小名浜湾沿岸の漁撈の閉鎖性があらためて問われることになろう。

薄磯貝塚の晩期末の回転銛は，先に指摘した寺脇貝塚の回転銛の諸特徴をそのまま裏に返した如き様相を呈している。仙台湾の骨角器文化の南漸をここにはじめて具体的に証明しうるほど，薄磯貝塚と仙台湾との結びつきはあたかも外洋での交渉があったかのように外海用回転銛に著しい。

薄磯貝塚の回転銛の対象となった動物は海獣，サメ類，ウミガメなどが推定され，寺脇貝塚との間に差が窺われる。しかし，薄磯貝塚の漁撈活動の基盤は寺脇貝塚同様マダイ漁に置いているのは貝塚の北東に「耕やす海」とでも称すべきタイドプールの形成が推定しうるほどに地形上の立地からも充分に窺われるのである。

名古屋大学助教授
■ 渡辺 誠
（わたなべ・まこと）

網　漁

縄文時代の網漁は内湾性漁業形態の中核を構成しており，外洋への進出が不活潑であることに大きな特色がある。外洋へ網漁が進出しはじめるのは，弥生時代中期以降のことであるらしい。

外洋性漁業がリアス式海岸の卓越した東北地方太平洋岸を中心に発達したのに対し，内湾性漁業は，縄文海進によって複雑に入江の展開したところの，東関東地方を中心に発達した。その時期

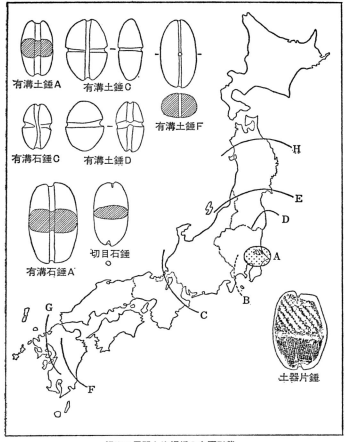

網漁の展開と漁網錘の主要形態

は，中期前半の阿玉台式期である。

この時期になると，漁網錘としての土器片錘が爆発的に増加する。その地域は現利根川下流域と霞ヶ浦周辺を中心とする阿玉台式文化圏（付図A）である。一遺跡当りの出土量が急増するばかりでなく，こうした遺跡が集中的に分布し，入江ごとに漁場を占有したかの感さえ呈している。しかもこうした貝塚からは，スズキやクロダイのような浅海河口性の魚類の遺体が多数出土し，これらが網漁の重要な対象であったことがわかる。これらの貝塚の貝もまたハマグリ，シオフキなどの内湾砂泥性の種類であり，ここに内湾性漁業形態の確立をみるのである。後期になると，この東関東の伝統の上に，ヤス漁や土器製塩の展開もみられるようになる。

土器片錘は，縄文早期から中期初頭までの各期にわたり，北海道南部から近畿地方にかけての範囲内において，数カ所に断片的にみられる。しかし阿玉台式期以降と異なり数量が少なく，分布密度も低い。その上特定の魚との対応関係はみられないのであり，大きな差がある。このため阿玉台式期以前を網漁発達段階のⅠ期，以後をⅡ期としている。

Ⅱ期は4小期に細分される。

Ⅱb期は中期後半である。土器片錘は西関東地方にも濃密に分布するようになるが（付図B），土器片錘に加えて切目石錘が出現し，その分布範囲は近畿地方の一角に達する（同C）。そして河川の淡水魚にも重点がおかれるようになり，コイ，フナ，アユ，ウナギなども重要な捕獲対象魚となる。河川の底質は，砂泥質の内湾と異なり砂礫質である。土器片では破損し易いため，入手し易い礫に切込みをいれることによって，底質の変化に対応したとみなされる。

後期前葉のⅡc期になると，切目石錘の分布はさらに東九州に達し（同F），後期後半にはほぼ九州島全域に及ぶようになる（同G）。この西日本への伝播とは別に，もう1つの伝播のコースは東北地方にかけてである。土器片錘は東北地方の南部の一角にまで分布範囲を拡大するが（同D），後期前葉になると各種の有溝土錘が出現する。これは底質の問題とともに，土器の器壁の薄手化現象も関係があると思われる。有溝土錘は17種あるが，このうちもっとも多いのは，付図中に示すA，C，D，Fの4種である。このうちF種は後期前葉に多く，D種は晩期に多い。土器片錘から有溝土錘の転換は後期前葉でありⅡc期設定の根拠であるが，この範囲は東北南部までである（同E）。そして晩期には青森県の一部にまで達する（同H）。ここからさらに北に漁網錘が伝播するのは，管状土錘にかわって後の平安時代になってであり，さらに北海道に及ぶのは江戸時代以降のことと思われる。

興味深いことは，有溝石錘の分布図を作成すると，A種は切目石錘の切目が連結して変化したものであるが，C種は有溝土錘C種からの材質変化にすぎないらしい。

東関東から西日本と東北地方へ，それぞれ切目石錘と有溝土錘といった形態差を生じながら伝播

43

したことは，地域性の問題としても興味深いが，共通点も興味深い。どちらの場合も，内水面漁業への展開が活潑であり，はじめに記したように外洋への進出が不活潑なことと表裏をなしている。また東北地方の太平洋岸は外洋性漁業の卓越した地域でもあり，網漁の比重は増加し得なかったのであろう。

Ⅱd期は夜臼・板付Ⅰ式期以降であり，稲作とともに管状土錘が大陸からもたらされる。これは中国南部の揚子江型土錘に対し，北部で発達した形態で，作り易い上に重量の増減も簡単なもっとも合理的な形態で，以後現代に至るまで管状土錘が漁網錘の主体となる。しかし，この時期の管状土錘の重量は土器片錘・切目石錘・有溝土錘のそれと同じく数10gにすぎず，重量増加による網の大形化，沖合進出がみられるようになるのは，大阪湾沿岸の弥生中期以降のことで，多くの地域では古墳時代以降のことであるらしい。

万葉集にみえる鯛網（マダイ）などは，この段階の網漁であり，あわせて土器製塩集落がみられる一方，貝塚は急速に減少する。一般にこれを漁業の後退とみる傾向が強いが，交換価値の低い貝の比重が下がっただけで，むしろ漁業自体は一段と専業的に発達したとみるべきであろう。

製　塩

県立水戸農業高校教諭
川崎純徳
（かわさき・すみのり）

1　製塩土器と製塩遺構

関東・東北地方の縄文後期後葉から晩期中葉にかけて製塩土器と呼ばれる薄手無文の粗製土器が発見されることがある。この土器は器肉2〜4mm，器形は鉢形を主体にして浅鉢および深鉢のものも存在する。鉢形を呈するものの器高および口縁部の径は30cm前後と推定される。底部は尖底，丸底もしくは直径2cm内外の小さな平底であり，土器の全面は強い熱を受けて剥落しているものが多い。文様は全くなく，ヘラ状の工具で調整されているが，その作りは粗雑である。

このような土器の存在が注目されるようになったのは，関東地方においては1960年に岡山大学の近藤義郎教授による茨城県広畑貝塚の発掘調査以後である。この調査によって近藤教授はおびただしい薄手無文の粗製土器層および灰層が存在することを確認し，これを土器製塩に関するものとしたのである[1]。

広畑貝塚の調査を嚆矢として関東地方における製塩土器研究が活発化し，1965年には明治大学の戸沢充則教授による茨城県法堂遺跡が，つづいて常総台地研究会によって同県前浦遺跡の発掘が実施され，さらに同研究会によって関東地方一円に製塩土器をもつ遺跡が存在することが明らかにされていった。

製塩遺構と思われるものは法堂遺跡，前浦遺跡において明らかにされている。両遺跡ともに霞ヶ浦湖岸に発達した砂洲の上に営まれたものである。法堂遺跡からは製塩遺跡と考えられる遺構（未調査）のほかに長楕円形のピットが発見され，その底面にハマグリを主体にサルボウ，アカニシなどの貝殻と礫を敷き並べたような状態が観察されている。遺構のまわりには焼土や灰などを多量に含む土層と製塩土器層とが互層をなすような状態で堆積している[2]。このような状態は前浦遺跡においても確認されている。広畑貝塚とともに霞ヶ浦低地につくられた製塩遺跡であると推測されるのである。

製塩の方法などについては充分に解明されているとはいい難いが，検出される遺構・遺物からその概略を推定することはできよう。すなわち海水を汲んで製塩土器に入れ，これを加熱して水分を蒸発させて塩の結晶を取り出したものであろう。効率よく塩をとり出すためには濃縮塩水をつくることが課題になるものと思われる。海藻などに付着した塩の結晶を洗い流すなどの方法がとられたのかもしれない。しかし，当時の霞ヶ浦沿岸の貝塚を構成する貝類の主体がヤマトシジミであるところから，はたして海水から塩を析出することができたのかどうか疑問をむける研究者もいる。

製塩土器は各地の調査例によって関東地方においては縄文後期安行Ⅰ期にはじまり，安行Ⅱ〜Ⅲa期を盛期にして衰退し，晩期中葉の安行Ⅲc期を最後にして姿を消している。これに対して東北地方における開始期は晩期初頭であり，関

東地方と同様に晩期中葉には姿を消すものと考えられる。このように製塩の開始は関東地方と東北地方では若干のズレが認められるが、このことによって製塩法が関東から東北地方へ伝播したことを示すと考えるのは早計であろう。安行系の遺物が東北地方へ波及していく痕跡はほとんどなく、今後の課題として残されるものであろう。

2 製塩土器の分布

関東地方における製塩土器を出土する遺跡は約70ヵ所にのぼっている。これらの遺跡は図示したように大きく4タイプに区分される。すなわち、(1) 製塩遺跡と思われる低地遺跡、(2) 貝塚を伴う台地遺跡、(3) 貝塚を伴う低地遺跡、(4) 貝塚を伴わない台地遺跡である。製塩遺跡は霞ヶ浦沿岸の砂洲上に形成された法堂、前浦、広畑の3遺跡である。広畑貝塚はしっかりした貝層をもつ貝塚であるが、法堂、前浦では貝塚の形成はなく小さな貝殻がブロック状に検出される。(2)~(4)は製塩遺跡から搬入されたとみられる製塩土器が客体的に出土する。製塩遺跡である条件は低地遺跡であること、遺構らしきものに灰層、焼土層がみられること、第三に破砕された製塩土器層が存在することによって認定されよう。このような条件を満たす遺跡は仙台湾沿岸にも存在する。宮城県二月田貝塚[3] がそれである。

関東地方においては製塩土器を出土する遺跡は霞ヶ浦西岸の3遺跡を中心にして広範囲に分布する。主な分布は利根川右岸にあたる印旛沼、手賀沼周辺、利根川水系の小貝川、鬼怒川、思川などの水系に密集し、その水系に沿って埼玉県下にも製塩土器が認められる[4]。利根川水系の代表的な遺跡は茨城県中妻貝塚[5]、立木貝塚、小山台貝塚などがある。小山台貝塚については鈴木正博氏の詳細な考察がある。この水系の奥部には貝塚を伴わない遺跡が最近確認されているが、製塩土器の出土頻度はわずかである。利根川水系における安行系土器群は末広がりにひろがっており、これらの遺跡の中に点々と製塩土器を出土する遺跡が存在する。これらの遺跡は貝塚を伴う台地上の遺跡

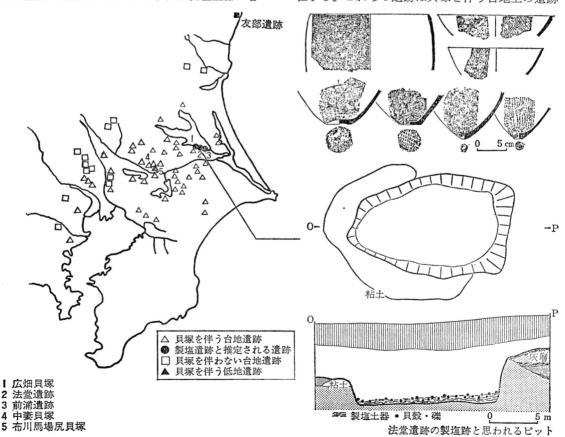

1 広畑貝塚
2 法堂遺跡
3 前浦遺跡
4 中妻貝塚
5 布川馬場尻貝塚

関東地方の製塩遺跡（戸沢，1966 による）

が主体を占めているが，茨城県布川馬場尻貝塚のように貝塚を伴う低地遺跡も認められる。利根川左岸の砂地の中に営まれたものであり，かなりの製塩土器片が採集されている。これを製塩遺跡と現段階において認定しうる灰層，製塩土器層などの存在は確認されていない。

東京湾に河口を開く江戸川，荒川，多摩川，都川などの河川流域にも製塩土器を出土する遺跡が存在する。いずれも客体的に伴出する程度のものと思われ，今のところ製塩遺跡と思われる低地遺跡の存在はない。

茨城県北部の太平洋沿岸部の状況は明確ではない。縄文後期安行期に入ると遺跡数は激減し，小規模化する。この地域には愛宕遺跡，友部遺跡が報告されている。いずれも伴出遺物が明確ではない。友部遺跡は太平洋岸から直線距離にして1km内外の位置にある低地遺跡である。現在は水田となっているために詳細は把握されていない。

東日本における縄文式製塩のもう1つの核は仙台湾沿岸，陸奥湾の夏泊半島である。製塩土器そのものは器形，整形など関東地方のそれによく似ているが前述したように両地域の関係は明確ではない。二月田貝塚は仙台湾沿岸の製塩遺跡と認定されるであろう。

3 製塩土器出土遺跡の性格

製塩土器出土遺跡は茨城県北太平洋岸，東京湾沿岸などでは少なく，霞ヶ浦・利根川水系に密集する傾向が看取される。こうした分布の扇の要のような位置に法堂，前浦，広畑の製塩遺跡が位置することになる。ここに塩を交易物の1つとした原始交易のルートを想定することができるであろう。寺門義範氏は製塩土器を出土する遺跡を，距離関係，出土量の多寡などにもとづいて製塩専業集団と消費集団に分類し，その間を結ぶ交易圏を主張している[6]。これに対して筆者は消費集団とした遺跡を塩の最終の消費集団と製塩集団から末端消費集団へ送る役割を担った媒介集団を想定したが[7]，集団の構造などについては明確にすることができなかった。利根川流域において製塩土器の出土率の高い台地上の遺跡などはそのような機能を有しているものと考えている。

さて，このような製塩が発達する背景は何であろうか。近藤義郎氏が海辺から離れた人々の塩分の必要性を満たすものであろうと述べている[8]の

に対して，寺門義範氏は植物食への依存が高まったために塩に対する需要が増大したと考えている[9]。また，鈴木正博氏は「極度に専業化した漁撈活動を安定せしめようとした，まさしく量的な必然性によって考慮された画期的な生業形態」[10]であるとし，海産物の保存のために塩が必要とされたのである。鈴木氏の見解がその分布や出土状況からみて，もっとも合理的な解釈であるといえよう。利根川水系という太い物流のルートによって各地の遺跡群は連結され，それぞれの集落において，その環境に応じた専業形態が確立し，不足物を原始交易によって補っていたのであろう。このために後背地を持たない東京湾岸などでは利根川水系にくらべて集落数も少なかったのではなかろうか。このような集落の連鎖によって原始交易を軸にした高度な採集経済を成立させることができたのである。

製塩土器の成立する背景は霞ヶ浦沿岸における縄文後期中葉（加曽利B期）の漁撈活動の活況にあり，それを安定的に持続させることにあった。海産物は塩によって保存され，それは多くの集落を媒介にして利根川水系奥部の集落まで運搬されていったものと思われる。その見返りに供給されたのは石器の素材や堅果類などの植物食であったかもしれない。このような物々交換——原始交易によって連鎖した各集落はきわめてもろい一面を持っていた。生活物の一部を他に依存する役割が高まればどこかに異変が生じ，均衡が破れた時にその交易ルート内の多くの集落に影響が及ぶことになる。縄文晩期安行Ⅲc式以後の集落数の激減はそのことをはっきりと物語っているといえよう。

註
1) 近藤義郎「縄文時代における土器製塩の研究」岡山大学文学部紀要，15，1962
2) 戸沢充則ほか「茨城県法堂遺跡の調査」駿台史学，18，1966
3) 塩釜女子高等学校『二月田貝塚（Ⅱ）』1972
4) 大宮市奈良瀬戸遺跡，東北原遺跡など
5) 鈴木正博ほか『取手と先史文化』1980
6) 寺門義範ほか「縄文後・晩期にみられる所謂『製塩土器』について」常総台地，4，1963
7) 川崎純徳「縄文時代における交易の発生史的研究」常総台地，6，1970
8) 註1)に同じ
9) 註6)に同じ
10) 鈴木正博ほか「関東地方における所謂縄紋式『土器製塩』に関する小論」常総台地，7，1976

浅鉢形土器

川崎市教育委員会
村田文夫
（むらた・ふみお）

　現下の縄文土器文化研究の趨勢が，深鉢形土器（以下，深鉢）を主体とした編年学上の論議に多くのエネルギーを費やしてきていることは衆目の認めているところで，事実，それによる成果も少なくはない。しかし土器には，深鉢のほか，浅鉢形土器（浅鉢）など，様々な器形が存在していて，それらが器形に即した機能を各々分担しあってこそ，はじめて生活用具上の単位としては自己完結する。たとえば，火災によって焼失したとおもわれる長野県新道遺跡1号住からは，完形土器6点――深鉢3，有孔鍔付1，浅鉢1，台付埦形1――が，使用当時の姿で床面上から発掘され，それが藤森栄一氏によって，弥生土器の煮沸・貯蔵・供献機能に擬せられて論じられたことは，決して遠い過去のことではない。とくに藤森氏が，容器としての縄文土器の機能を真摯に考え，その結果，1軒に1個体ぐらいの浅鉢が生活必需品の一部をなしていたのではなかろうか，と指摘された点は，今もって新鮮な響きをもっているのである。そこで，この小文では，深鉢の影であきらかに等閑に付されている浅鉢の，とくに出現期の様相と機能的な推測に若干触れてみたい。

　さて，従来，浅鉢が出現し普遍化するのは，縄文前期後半（諸磯期）からとみなされてきた。しかし，近時の発掘成果は，その初現を確実に前期前半（関山期）にまでおしあげた。そして，初現期の浅鉢には，波状口縁状のものが結構存在する一方，埼玉県後山遺跡出土の無文土器のように，浅いボール形の器形も確認されている。また，関山式には，深鉢の口縁の片一方に浅い注口状の溝が造作された特異な片口注口土器が存在することもよく知られており，結局，器形の分化は，その初現期の段階から比較的多様であったことがわかるのである。

　このように縄文土器には，深鉢，浅鉢のほかにいくとおりかの器形が存在する。だが，つまるところ，それらが容器として物を貯えたり，煮沸の用に供せられたりするものであるならば，なによりも土器内面の観察こそおろそかにできないはずである。試みに，浅鉢に関する報文を詳細に読んでみると，ほぼ一様に内面調整が深鉢に較べて丁重であるかのごとに紹介されていて興味深い。その意味で，後藤和民氏が，豊富な土器づくりの体験から，土器は文様や器面の"みがき"より，たとえば水が漏れないように内面に施された"つぶし"こそが容器としての生命であると主張された点は，説得力に富む重要な指摘といえよう[1]。

　そこで，これらと関連させて注目しておきたいのが，土器ではないが，器面に漆が塗布された木製の鉢・皿・盤などの刳物が縄文前期の遺跡から出土している事実である。福井県鳥浜貝塚の出土品の中には，盆状の刳物に片口注口の造作さえある。つまり，深鉢形に片口注口のつく器形が関山期の"土製"容器の中に普遍的に存在する一方，片口注口をもつという点では同一類型の"木製"

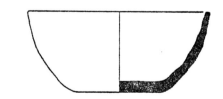

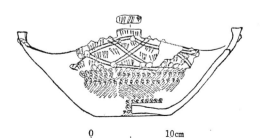

埼玉県下出土の関山期浅鉢形土器
上：井沼方遺跡　中：後山遺跡　下：貝崎貝塚

容器が同じ縄文前期の段階で認められているのである。この事実を敷衍させると，神奈川県長尾台遺跡では，関山期の土製杓子が出土しているので，木製杓子の存在もこの段階から推測できなくない，ということになろうか。いずれ土製にしろ，木製にしろ，浅鉢（盆）・片口注口・杓子と揃ったならば，その使用の実際は液状物の分与などであったのであろう。

では，そのほかに浅鉢の機能としては，どのようなことが考えられようか。たとえば，縄文前期のばあいならば，盛り付け用土器という解釈もあるし，中期の大形のものは，盛りつけた食物を家族の者で食べる共用の器（共用器）という想定もある。そうした中で，浅鉢機能の一端をきわめて具体的に示唆する発掘所見が，東京都大蔵遺跡（縄文中期集落）からあがっている。すなわち，同遺跡では，台地裾の泉（井）部分が発掘調査され，そこから打製石斧と多くの浅鉢を得ているのである。泉との関連からまっ先に想定されることとなれば，植物食のアク抜きだ。ちなみに，渡辺誠氏

が採集されたトチモチを食する岐阜県白川村の民俗事例の中に以下のような工程がある。すなわち，灰汁でつくったアクを入れた桶の中にトチの実を1ト晩つける。これをショーケに入れて4晩流れ水につけにが味をとる，というものである[2]。このショーケは底の浅い竹製のもので，形態的には片口注口状のつくりとなっているのである。

このように考えてくると，浅鉢や片口注口が，植物食のアク抜き工程で，相応の用具として利用されていた可能性も先に記した機能に加えて考慮に入れるべきではなかろうか。その意味で，集落を構成する重要遺構の一部として，今後，泉（井）の部分の計画的な発掘調査が頻繁に行なわれるようになれば，浅鉢機能に関する意外なヒントが得られるかもしれない，と期待している。

註
1) 後藤和民『縄文土器をつくる』中公新書，1980
2) 渡辺誠「飛驒白川村のトチムキ石」藤井祐介君追悼記念考古学論叢，1980

注口土器

慶応義塾女子高校教諭
■ 藤 村 東 男
（ふじむら・はるお）

1 はじめに

液体を注ぐために管状の注口を胴部に取り付けた土器を注口土器と呼ぶが，口縁部に半管状の注口を付けた土器は片口土器と呼ばれ，両者を一応区別して取り扱っている。この注口土器はすでに縄文時代早期の新潟県上川村室谷洞窟遺跡などから出土しており，縄文時代を通じて存在していたことが知られている。しかし中期までの注口土器は例数も乏しく，また注口の形や取り付け位置も片口土器に似ており，片口土器の範疇に含めて考えるべきものである。そこで本稿では注口土器の形態が定着し，土器組成の面からも一定の位置を占める後期以降を対象として述べることとする。

2 変 遷

後晩期の注口土器は時期によって形態・文様に差があり，また各時期の特徴はそれぞれの型式説明の一部としてなされるべきであるが，紙数の限られた本稿では関東・東北地方を例にとって概略

のみを記すこととする。まず後期を代表する注口土器は関東地方に存在する。堀之内式においては，挿図の1～3に示したように胴部がくの字に屈曲した頸部の短い壺に太く短い注口が付く。口縁には環状の把手が注口に連らなって付く。

つぎに加曽利B式（4～6），では，頸部が直立した球形の壺に太く長い注口が付けられる。なお口縁の把手は注口から分離し，やがて消滅する。後期末の安行I式・II式（7）では深鉢に短い注口が付き，2ヵ所に懸垂孔を持つものもある。関東地方ではこの安行II式を最後に独自の注口土器は消滅し，晩期になると東北系のものと交替する。

東北地方に目を転じると，後期後半には頸部の長い球形の壺に短い注口を付けたものが登場する（8）。やがて晩期直前になると，胴部が偏平化した無文の注口土器が見られる（9）。この無文の注口土器を引き継ぎ，さらに偏平化が進んで晩期初頭の注口土器が成立する。大洞B式・BC式には，10・12のように口頸部が内傾したものと，

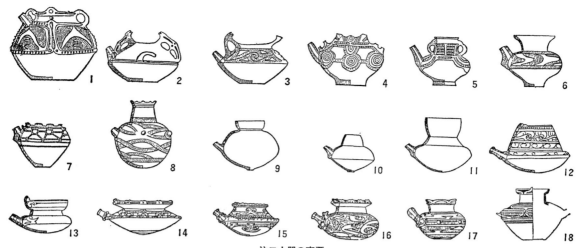

注口土器の変遷
1・3・6 椎塚　2 堀之内　4 加曽利　5・7 福田　8 新地　9・11・14 是川　10 冬部
12 羽根山　13・16 亀ガ岡　15 根岸　17 檜原　18 沼津（縮尺約 1/10）

11・13のように一段くびれ外反するものとがあり，前者は東北地方全体に分布し，後者は北半に限られる。

中葉の大洞 C_1 式・C_2 式では晩期初頭の伝統を引き継ぎ偏平なもの (14・15) と，壺に注口の付加されたもの (16・17) とがある。末葉の大洞 A 式・A′ 式になると出土量は急激に減少し，やがて消滅する。形態は 18 のように壺に注口の付いたものである。

以上後晩期の概略を述べたが，注口土器の形態には同時期の壺などと共通し，わずかに注口の有無によって識別しうるものと，注口土器固有の形態をとるものがある。大まかにいえば後期初頭，後期末，晩期末の3時期には前者の共通の形態となり，その間の時期には後者の固有の形態となる。この現象は注口土器が他の器形（とくに壺）から器形分化し，やがては統合されていく経過を示しているものであり，注口土器の用途を考えるうえからも重要なことであろう。

3　用　途

注口土器内から磨製石斧などが発見された例があるが，注口土器は注口の存在からみて，液体を収め注ぐための容器以外の用途は考えられない。その場合想定しうる液体は少量でも価値を持つ酒などであろう。それはまず注口土器には製作上の稚拙さはあっても，いずれも精製品であり，また出土量は他の土器と比べて一段と低く，晩期においても平均2％ほどである。さらにその容量も岩手県九年橋遺跡の例では平均 450 cc ほどの小型品であり，少量の貴重品を収納するための容器であることがわかり，酒器である可能性が高い。

注口土器酒器説をさらに一歩進めたものに藤森栄一・武藤雄六[1]，渡辺誠[2]らによる鍔付有孔土器よりの器形分化説がある。渡辺によれば中期の鍔付有孔土器は醗酵器であり，やがて両耳壺，土瓶形注口土器を経て，晩期に至ると醗酵器としての細口壺，酒器としての急須形注口土器に器形分化していったとする。これは注口土器を壺と関連づけて把えた点や，中部地方の中期を醗酵器を介在させることによって，関東地方の後期と東北地方の晩期に繋げた点で注目すべきものであるが，立論の出発点である鍔付土器には，太鼓説や種子壺説などがあり，必ずしも衆目の一致するところにはなっていない。しかしいずれにしても注口土器と壺とは形態・文様のうえで密接な関係にあり，両者の用途を考えるうえからも再検討の必要性が感じられる。

註
1) 藤森栄一・武藤雄六「中期縄文土器の貯蔵形態について―鍔付有孔土器の意義―」考古学手帖，20，1963
2) 渡辺誠「勝坂式土器と亀ヶ岡式土器の様式構造―東北地方の鍔付有孔土器を介して―」信濃，7―2，1965

植物調理用石器

名古屋大学大学院研究生
齊藤基生
（さいとう・もとなり）

ここでは，植物調理用石器としての石皿・磨石・凹石（敲石）・叩石と打製石斧について，それらの変遷と機能・用途を述べたい。

1 石　皿

石皿には明瞭な凹石を持つものと盤状のものがあり，縄文時代全般にわたって存在する。前者は早期からみられる[1]。中期に大型化し，装飾が施される例もある。後期では作りがきゃしゃになり，脚が付いたりもする。晩期は後期と似た傾向である。分布は東日本の方が濃いものの，絶対数の変化は少ない。全国的にみた場合，信濃川中流域の中期，新潟県津南町沖ノ原遺跡[2]，同中里村森上遺跡[3]，同長岡市岩野原遺跡[4]などでは，石皿の大きさや形態が変化に富んでいる。これらの遺跡ではクッキー状炭化物が発見されることが多く，石皿のバラエティーと興味ある関係を示している。とくに岩野原遺跡では，クッキー状炭化物が小型石皿に詰まった状態で出土し（写真），石皿が単に製粉だけではなく，「捏ね鉢」もしくは「型」として使用されたことを示している[5]。また，製粉以外の用途，赤色顔料の製造も指摘されている[6]。盤状の石皿は早くから注意されていたにもかかわらず[7]，その後あまり注目されなかった。そのため出現時期・分布などについて詳しいことは不明だが，おそらく凹面を持つ石皿と軌を一にしていると思われる。盤状のものは定型化せず，凹面を持つものと用途に差があったかもしれない。

2 磨　石

磨石は石皿とセットになり製粉に関わってきたと考えられる。形態に限ってみれば，すでに先土器時代から存在している。磨石の「スレ」た部分は全面に及ぶ例もあるが，多くは側面を除いた表・裏面にある。また，側面には「ツブレ」がみられることもあり，磨る以外の機能も持っていた。大きさ，形態は様々あるがほぼ掌に収まる。もっとも整った形態は固形セッケン様であるが多くは素材となった礫の旧態をよく留め不整形である。このため出土品を磨石と認定するか否かによって数が大きく増減し，石器組成を研究する際障害となっている。いずれにしろひとつの遺跡で出土する磨石と石皿の比は 1：1 とならず，圧倒的に磨石が多い。このことは磨石が手軽に置き換えられたのに対し，石皿が長期間使われたことを示している。また，石皿と組み合わす必要のない用途があったかもしれない。磨石は縄文時代全般を通して形態の変化は乏しく，分布についても極端な片寄りはみられない。

3 凹　石（敲石）

凹石という名称が一般的であるが，凹の持つ機能を重視して「敲石（たたきいし）」という呼び方もある。ここでは凹のない「タタキ」石と混同をさける意味で，凹石としておく。凹石は早期からみられ[8]，磨石に比して定形化が進み形はよく整っている。まれに素材となった礫の旧態を留めている例もある。凹は一般的に片面に 1 カ所もしくは両面に 1 カ所ずつある。両面に凹が複数ある場合，表裏それぞれの数はほぼ一致する。凹石の大きさは磨石同様掌に収まるのが一般的で，凹はほぼ中央にある。凹の平面形は正円に近く，同一面に複数ある場合は離れている例と連結する例がある。また凹の断面形は，皿状，碗状，円錐状などがあり，敲打が集中した結果生じた凹が多い。固い木

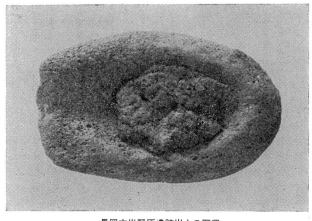

長岡市岩野原遺跡出土の石皿

の実を潰したのであろうか。とにかく従前指摘されたことのある火鑽臼としての機能はない。凹石に類する凹を持った石器に，雨ダレ石，蜂の巣石と呼ばれるものがある。凹石が手持ち式なのに対しこれは据え置式である。石皿の裏面にある例が多く，製粉過程の一部を担っていた。凹石は東日本に多く，分布に片寄りがみられる。

4 叩石

叩石は「ツブレ」の痕跡を留めているものを一括してそう呼ぶ。一部はすでに先土器時代に存在しているが，これらは石器製作に関わるものとされている。素材となった礫の形状をほとんど変形しないためバラエティに富んでいるが，大きさは磨石・凹石同様掌に収まる程度である。石質は磨石・凹石に比して緻密なものが多い。「ツブレ」のみられる部位は，礫の長軸端部，稜となった側縁上，もしくは側面などであるが，とくに規則性はない。「ツブレ」は凹石の凹のように集約的に纏まるのではなく，面として広がる。たたくという機能は凹石と同じであっても用途が違っていたようである。凹石と叩石のどちらがより強く植物調理に関わっていたか現段階では断定できない。分布などについて詳細は不明である。

5 打製石斧

打製石斧はここの題にある植物調理用石器ではないが，採集具として欠くことができない。

打製石斧の系譜は先土器時代まで遡ることができるが，土掘り具としての機能が分離・安定する のは縄文時代前期になってからである。ここがいろいろな意味において大きな転期である。打製石斧の平面形は，短冊形・撥形・分銅形の3基本形（実測図）に分けられる[9]。短冊形と撥形は全般を通してみられるが，典型的な分銅形は関東地方の中期からみられるものの，東海地方以西にはない。短冊形から撥形への平面形態の変化はなめらかで，機能・用途に大差はない。素材の石質と関係が深い。短冊形と撥形の大部分は身が反っている。これに対し，分銅形は反るものが少なく，また肉厚で大型のものが多く，前二者と機能・用途に違いが考えられる。数量について，北海道地方では全時期を通して打製石斧と呼べるものはほとんどない。東北地方も同様に非常に少ないが，晩期にやや増加する傾向がみられる。関東地方では中期に急増するが，多摩川流域以外はそれほど多くはなく，後・晩期には多摩川流域を含め他地域と似た程度まで減少する。中部山岳地方も関東と似た傾向で，中期に急増するものの後・晩期には減少し，また地域的な片寄りもある。東海・北陸地方以西でも打製石斧は前期から現われるが，後期の京都府桑飼下遺跡[10]など数ヵ所を除き絶対数は決して多くはない。打製石斧はよく中期になると「爆発的」に増加すると言われてきたが，時期的・地域的偏在が著しく，この形容詞があてはまるのは中期の多摩川・天竜川流域，後期の桑飼下遺跡などである。その他の地域は多少の差はあるものの，各時期を通じて意外と絶対数の変化はない。出土数の多さがそのまま使用頻度の高さには結びつかず，このあたりに打製石斧の機能・用途

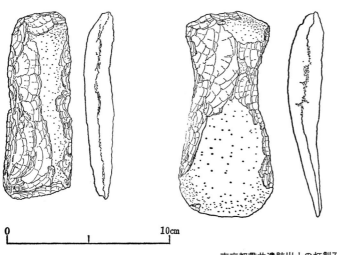
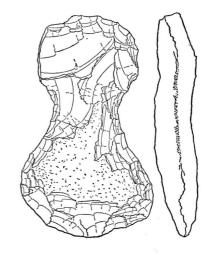

東京都貫井遺跡出土の打製石斧

を解く重要な鍵が隠されていそうである。

6 ま と め

　各器種別に概観したが，多くは先土器時代にその萌芽が認められる。ただし，これらすべてが初めから植物調理用にだけ限定されて使用されたとは言い難い。植物調理用石器としての比重が増大するのは，やはり打製石斧が土掘り具として安定して現われる縄文時代前期後半ぐらいからであろう。渡辺誠氏はここに「アク抜き」技術の獲得を認め，これが食用植物の拡大をもたらし，農耕によらない縄文社会を想定した[11]。また最近の発掘調査では自然科学分野の情報も多く集められ，成果があげられつつあるが，それを鵜呑みにすることは慎まなければならない。石器・土器などの機能・用途に関する基礎的研究を踏まえた上での分布・組成の研究が必要であり，またいかに関連分野の成果を組み入れ体系づけていくか，それが縄文時代の食生活を解明するための課題である。

　末尾ながら本文を纏めるにあたり，名古屋大学渡辺誠先生，新潟県教育委員会寺崎裕助氏，明治大学大学院生前山精明君に貴重なご指導・ご助言を賜わったこと，記して謝します。

註
1)　杉原荘介・芹沢長介『神奈川県夏島における縄文文化初頭の貝塚』明治大学文学部研究室報告考古学第二冊，1957
2)　江坂輝彌・渡辺誠編『沖ノ原遺跡発掘調査報告書』新潟県津南町教育委員会，1977
3)　金子拓男編『森上遺跡発掘調査概報』新潟県中里村教育委員会，1974
4)　駒形敏朗・寺崎裕助『岩野原遺跡』新潟県長岡市教育委員会，1981
5)　金子裕之編『縄文時代Ⅲ（後期・晩期）』日本の美術，191，至文堂，1982。調査者の1人はこの石皿が熱を受けているとし，グラタン皿のように用いられたのでは，と述べている。
6)　芹沢長介氏は縄文農耕を否定する立場でその根拠として，ブレイドウッドの見解を引用している。芹沢長介「縄文文化」日本考古学講座，3，河出書房，1956
7)　鳥居龍蔵『諏訪史』信濃教育会諏訪分会，1924
8)　註 1)に同じ
9)　石は粘土のように製作者の微妙な意図を確実に反映する素材ではないので，その限界を越えた細分は無意味である。
10)　渡辺誠編『桑飼下遺跡発掘調査報告書』平安博物館，1975
11)　渡辺誠『縄文時代の植物食』雄山閣，1975

解体調理用石器 ━━━━━━━━ ■ 中村若枝
（なかむら・わかえ）

　解体調理用具として，その用途を推定されているものに石匙（石七・石小刀ともいう）がある。獣の皮剝ぎ・肉を切る・骨を削るなどの機能を備えており，生活用具として欠くことのできない万能の利器であったろうといわれている。旧石器時代のブレイド（石刃）やスクレイパー（掻器）が発達したもので，一端につまみを持つ特有の形態として定型化するのは，縄文時代早期前葉である。

　まず，北海道・東北地方において出現し，日本各地に拡散するのは前期以降である。縦長あるいは扇形の剝片を利用し，多くはバルブ（打瘤）の部分にノッチを入れ，つまみを作出している。このつまみに対し，刃部が平行する形態を縦型，直交する形態を横型と分類している。縦型石匙は，東北地方以北の初現期に多く，縦方向に剝取した剝片を用いる石刃製作技法の系統を受け継いでいる。前期になると横型も伴出し始め，次第に横型

が盛行するようである。一方東北地方以南では，出現当初より横型が主流を占めている。また東北地方のものには，つまみの基部にアスファルトや撚糸が付着している例（宮城県山王遺跡）もある。古くは N.G. マンローが推定したように，つまみは携帯に便利なように紐をつけるためのものであったのだろう。刃部の断面は 15〜45° の角度を持ち，45° 内外が一般的である。決して鋭利ではない。さらに分布密度を見ると，円筒土器文化圏においては豊富であるが，中部・関東以西では多くはない。例えば，長七谷地貝塚（青森県，早〜前期）からは 331 点出土しており，石器出土総数の 10% 近くを占めている。ところが大畑貝塚（福島県，早・中〜後期）の場合，検出された石匙は 6 点にすぎず，その内時期の確かなものは早期 2 点，中期（大木 8 a 式期）1 点のみである。この大畑貝塚における動物遺存体の出土状況を見ると，

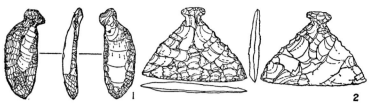

縦型石匕（1）と横型石匕（2）　1：大畑貝塚（1/3）　2：鳥浜貝塚（4/9）

大木8a・b式期ではニホンシカの最小個体数は16頭を数えている。また、イノシシ・ニホンシカが200頭近く検出されている貝の花貝塚（千葉県、中〜晩期）の場合、石匕はわずか2点にすぎない。このように、携行器具として用途も広く、生活必需品であったろうと推定されながらも、全体的にみるとその出土量は決して多いとはいえないのである。ことに石匕の出土量は早・前期に集中しており、狩猟活動が盛行する後・晩期に増加する傾向は窺えない。出土状況を概観する限り、獣の皮剝ぎ＝石匕という通念に、疑問をはさむ余地がありそうである。藤森栄一氏は、勝坂式土器に伴出する石匕が大型粗製化している点を指摘し、土掘り具のバラエティとして機能変化したものであると考え、縄文農耕存在理由のひとつに挙げておられる。

では、実際どのような利器を駆使し、解体調理が行なわれたのであろうか。遺跡における動物遺存体の損傷状況と伴出石器および民俗事例に基づき、被猟動物の処理のあらましを復元してみよう。

集落は、狩猟テリトリーからそう遠くない地に構えていたであろうが、それでも体量70〜100kgもあるイノシシやシカなどを丸ごと運搬しようとすれば、相当の困難が伴う。クジラに至っては、その場で解体するしかなかったろう。仕留めた獲物は、運搬が容易な場合を除いて、多くはその場で解体処理されたのであろう。

最も一般的な狩猟対象獣であったイノシシ・シカの場合、まず身の危険のない作業のしやすい場所に移動し、獲物を仰臥させる。第1刃は、のど笛から胸→腹へと入れる。内臓を出すためである。おとし穴で捕獲した場合はなおさらのこと、腐敗しやすい内臓をまず処理する。冬場はまだしも暖かい春先には、死後2日もたつと内臓の腐りが肉にまで及んでしまうという。内臓を出し終えると、次は皮剝ぎに取りかかる。この時、胴腹部腔中に溜った血液も珍重されたようだ。アイヌはそのまま飲み、新潟県の民俗事例によれば、腸詰め

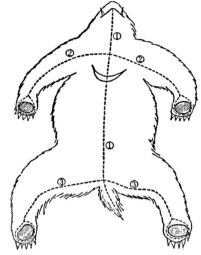

三面郷（新潟県）の熊の皮切り順序（国土地理協会『民俗資料選集』より）

にし凝結させた後、野菜類と煮て食べている。皮は、前肢ついで後肢の裏面も裂き、頭部は耳の後方までで止めておき、完全に剝いでしまう。遺骸が生暖かいうちの方が、作業が容易だという。この点でも、猟場で解体する方が合理的だったのだろう。頭部は皮つきのまま切り外し、次に四肢、さらに胴体を肋骨にそい数個に分断する。ここまでが推定される猟場での解体作業である。

熊の皮剝ぎ実験によれば、チャートあるいは黒曜石製でしかも小型精製の石匕は、脂をはじき能率の点で包丁やナイフに優る機能を有したという。しかし、先に見たように、便利な石器でありながら出土は限られる。チャート・黒曜石製で精製品となれば、なおさらである。実際には自然の鋭利な縁辺を残すフレイク、あるいは簡単な細部加工を施したスクレイパー様石器などが使われていたのではないだろうか。大畑貝塚からは、ナイフ的用途に用いたと推定されるフレイクの一群（厚さ5〜8mm）が検出されている。また貝の花貝塚でも、スクレイパー様石器が数点出土している。それでも捕獲した獲物の数に十分見合う量ではない。石材の豊かな地であれば、その場で原石を打ち割り、フレイクを手に入れることも可能であったろう。それ故、解体が済めば惜しげもなく猟場に捨ててしまったかもしれない。獲物を追い野山を駆けめぐるのに、身軽であることは不可欠な条件だ。アイヌも獲物が多くない限り、イリマキリ（皮剝用小刀）は持ち歩かず、普通のマキリ（小刀）1本で処理してしまうようである。

集落に持ち帰った獲物は、分配され調理され

る。まず，骨角器の素材としても大切な骨を傷めないよう，関節をはずす。遺跡から出土する動物遺存体の骨端部に，横位に走る数条の切痕がみられることがある。靱帯を直角に切断しようとした際についたキズで，鋭利な刃部を持つ石器によるものである。肉は筋肉にそい骨からはずす。さらに，骨は骨髄を食べるために，中央より割る。髄は脂肪質の高いラードのような感触である。この時，骨髄を取り出し易いよう，円錐形に広範囲に割るコツも心得ていたらしい。頭蓋も脳髄摘出のため入念に壊されている。

金子浩昌氏によれば，小山台貝塚（茨城県）出土のイノシシの場合，まず頬骨弓を中間部から切断し下顎骨をはずしているようだ。次に頭蓋底部を切断し，脳髄腔を露呈させ，打撃器で打ち割り，脳髄を取り出している。下顎骨の方は，骨体の中央部を切断する方法と，下顎下縁部を入念な切り込みを入れた後剥ぎ取る方法とにより，やはり髄を摘出し食べていたようである。伴出石器の中で，打撃に適しているものとして，打製石斧・独

鑽石・敲打痕のみられる磨石などがあげられる。また骨の切断には，丁寧に研がれた小型磨製石斧なども有効であったろう。このように，多大な労力を使い手に入れた獲物は，捨てる部分がないまでに食べ尽していたのである。石器は食肉目の動物の顎や牙の単なる代用として役立っていただけではなく，食物の利用効率をはるかに高めていたのである。

一般に道具は，さまざまな規定要因に応じて作られ，特殊化した用途に堪えるよう形態変化を繰り返し定型化していく。しかし，日常生活の中では，多目的機能を持ち活用範囲の広い道具が重宝とされることも多い。食べるための道具も例外ではないだろう。解体調理にあたっては，鋭利な縁辺を残すフレイクが，今日のナイフのように最も多く用いられたのではないだろうか。このことは，石器に残された使用痕からその用途を知ろうとする方法に加え，動物遺存体などにつけられた傷痕から逆に使用石器を限定していく方法のなかで，確かめていかなければならないだろう。

―― 口絵解説 ――

クロダイの鱗の顕微鏡写真

■ 丹羽 百合子
早稲田大学考古学研究室

魚鱗は魚の新陳代謝の結果，隆起線を形成しながら外側へと成長していく。そして隆起線の疎密があたかも年輪のようにみえることが早くから注目され，主に水産学の分野で魚の成長度，生活史などの調査に利用されてきた。しかし，年輪形成の時期や原因，また年輪の形態が魚種によって様々であることから一頃のような安易な読み取りは，現在ではむしろ控えられている。

考古学上の遺物としては，ソ連の Koviakova 遺跡で 15 世紀にはすでに知られ，その後も各国で報告例が知られている。日本では 1910 年代に岸上鎌吉博士が "Prehistoric Fishing in Japan" (1911年) に記載されたのをはじめ，筆者らが確認しているものをも含めて 20 例以上の出土例がある。

魚鱗は，その形態から，かなり詳しい種の同定を行なうことができ，最小個体数，年齢構成，捕獲季節などを推定することができる。従来は，魚鱗のもつこのような有効性を，充分に発揮できたとはいえなかったが，幸い筆者らは，最近，東京都港区伊皿子貝塚（縄文時代後期前葉）で 500 枚近くの完形の

鱗が出土地点，層位を確認しながら採集されるという機会に遭遇し，上記のような考古学的魚鱗の分析の試論を行なうことができた。結果は，最小個体数85 個体のクロダイがこの貝塚で鱗を落して解体処理された（が，他の部位骨が出土しないのでここでは食べずに集落地へと運ばれた可能性が強い）。体長20～35cm のクロダイが 95％ を占め，夏～秋 (8―10 月) に捕られたものが 7 割以上である。厚く規模の大きい貝層では各季節があらわれ，小規模の層では季節が単一になる。さらに貝による季節推定を参考にして，貝層の層序を，継続する数年間の具体的生活カレンダーとして把握することができた。

口絵 12 頁は，伊皿子貝塚第 85 層出土のクロダイの魚鱗である。全体形は個体内でも部位により異なる。現生標本と比較すると，この例は体右側の側線鱗より上方へ 6 列，前方から 18 番目付近のものと推定された。鱗長約 5mm。年輪は，拡大写真に示したように隆起線が不連続となる "たち切り" cutting over 現象として現われる。矢印部分がそれで 4 本確認された。体長は 260mm 位と算出される。季節推定には，最終年輪から最外縁までの距離 $(R_n - r_n)$ を測り，同部位に比定される現生標本から次の年輪位置 (r_{n+1}) を推定，$\left[\dfrac{R_n - r_n}{r_{n+1} - r_n}\right]$ の値により推定する。この標本の場合は 9 月頃となる。

―― 口絵解説 ――

大形住居址（東北地方）

青森県埋蔵文化財調査センター
工 藤 泰 博
（くどう・やすひろ）

最近東北地方では，縄文時代の遺跡の発掘調査がふえ，これらに伴う遺構も多く発見され，この時代の集落形態が次第に解明されつつある。その中に特異な存在として，居住のための住居址群の中に，特殊な大形住居址が存することが注目される。これらの大形住居址の機能を解明するのが，これからの重要課題となるわけであるが，まずこれまでの東北各地の検出例を探ってみよう。

1. 青森県大鰐町大平遺跡[1]

円筒下層ｂ式からｄ式までの土器を出土する前期～中期初頭の遺跡で，西にのびる台地の端に近い所に，住居址群が分布する。大形住居址は住居群の東側にやや離れて構築され，南北に長軸をもち検出されている。規模は，J-4号 9.6m×7.4m，J-13号 10.2m×7.3m，J-23号 12.4m×9.3m，J-25号 12.2m×9.1m，J-26号 12.1m×9.1m で，いずれも長楕円形を呈している。

2. 青森市近野遺跡[2]

円筒上層ｄ式の土器を伴出する中期の大形住居址が南北に長軸を持って検出されている（口絵）。規模は，第8号 19.5m×7m，第17号 10(?)m×5(?)m である。第8号住居址は，その形態が富山県不動堂遺跡で検出された住居址と類似しており，5対の主柱穴と，南北に2対の控柱穴が確認されている。この住居址は，北方に，尾根状にのびる台地の中央部に位置し，これを囲むように居住を主とする住居址が分布している。炉は長軸線上に5基検出されている。

3. 青森県弘前市大森勝山遺跡[3]

遺跡は，岩木山麓の東側に位置し，後期から晩期にかけての土器を伴出する大形住居址が1棟検出されている。規模は 13.7m×12.8m で，ほぼ円形を呈している。主柱穴は，中央部に4個配列され，径1.4m前後の石囲炉が中心部から，やや南東に寄って検出されている。

4. 秋田県能代市杉沢台遺跡[4]

円筒下層ｃから上層ａにかけての土器を出土する遺跡で（前期～中期），北に延びる台地の南東から北西にのびる縁に平行して，住居址群が分布し，大形住居は長軸をほぼ南北にして住居址群の南側に構築されている。その規模は，SI-06 が 16m×6.6m，SI-07 が 31(?)m×8.8m，SI-18 が 15(?)m×7(?)m，SI-44 が 28(?)m×9m で，柱穴は長軸線上に対をなし，炉は 5～10基設けられている。

5. 秋田市柳沢遺跡

第6号住居址は 15m×5m の規模で，前期である。

6. 岩手県北上市丸子館遺跡

堀ノ内I式に併行する後期の土器を伴出する大形住居址で，「小規模遺跡の中に極めて規格性の高い住居跡である」と述べられており，その規模は D-I-ロ が 11m×10.4m である。

7. 岩手県北上市八天遺跡[5]

「加曽利B式以降を盛期とする中期末～後期初頭にかけての大形住居址で，10回の建て替えがなされ，集落の中に特異に存在する，居住性の低い構築物である」と述べられ，炉は中央部に存したと推定されている。その規模は，17m×13.5mで，ほぼ楕円形を呈している。

8. 岩手県二戸市中曽根II遺跡[6]

早期から前期にかけての住居群の中に3棟の大形住居址が検出されている。いずれも隅丸長方形を呈し，その規模は149号 9.8m×3.6m，155号 13.8m×6.6m，193号 11.6m×8.5m である。

9. 岩手県二戸市長瀬B遺跡

早期中葉に位置づけられる大形住居址で，その形態は隅丸長方形を呈し，炉は検出されていない。規模は 9.6m×7.3m である。

10. 岩手県松尾村野駄遺跡[7]

前期末葉に位置づけられる大形住居址が1棟検出された。東西に長軸をもち，その規模は 8m×4.5m で長方形を呈しているが，3基の炉が長軸線上に検出されている。

11. 岩手県江釣子村鳩岡崎遺跡

前期末葉に位置づけられる大形住居址が検出され，その規模は23m×5mで，長方形を呈し，地床炉が3基確認されている。また，中期初頭の大形住居址（DE-18）も検出され，その規模は23m×8.5m で，3回の拡張を行なっており，地床炉

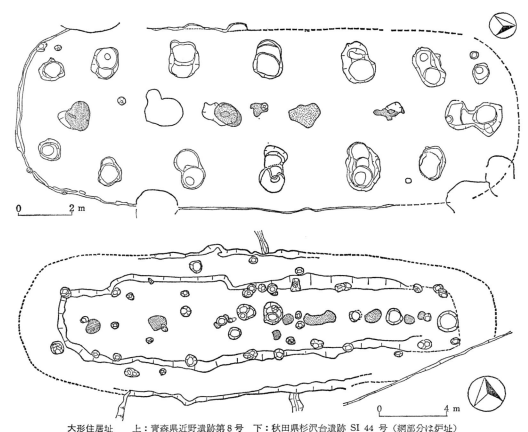

大形住居址　上：青森県近野遺跡第8号　下：秋田県杉沢台遺跡 SI 44 号（網部分は炉址）

は長軸に沿って十数基検出されている。

12. 岩手県雫石町塩ヶ森遺跡

中期前葉の大形住居址が1棟検出されている。規模は 13m×9.3m で，長軸線上に2ヵ所の炉が確認されている。また，床面には本住居址に伴うフラスコ状ピットを2基検出している。

13. 岩手県二戸市荒屋A遺跡[8]

中期中葉の大形住居址が1棟検出されている。規模は 17m×8m で南北に長軸をもち，4基の炉を検出している。

14. 岩手県軽米町叺屋敷Ⅰ遺跡

大木9式（中期中葉）に伴う大形住居址で，規模は 9.5m×7.9m。長楕円形を呈し，石囲炉が1基検出されている。大形住居は集落の中心的位置にある。

15. 岩手県都南村湯沢遺跡

大木10式（中期末葉）に位置づけられ，規模は 8.8m×8.5m でほぼ円形を呈し，炉は3基検出されている。

16. 岩手県松尾村長者屋敷遺跡[9]

縄文時代の大集落の中に前期前半の大形住居址が検出されている。規模はFⅣ-5が11.6m×8(?)m・地床炉・樽形，A住居群 10.8m×6.8m，B住居群 13.4m×8.4m，HⅢ-12住居群 23m×8.2m，GⅤ-2 が 12.8m×5.5m・12 基の炉で，いずれも隅丸長方形である。

17. 山形県最上町水上遺跡

大木9b式（中期）に位置づけられる 8.4m×4m の規模をもつ住居址が1棟検出されている。

18. 山形県東根市小林遺跡[10]

大木2式（前期）に位置づけられる大形住居址で，その規模は 9.9m×4.7m である。

以上，東北4県のこれまでの大形住居を列記したが，これらの遺構は全国的にみても東北・北陸地方に多い。その量はまちまちであるが，今後の調査によって規則的な分布などが把握されるものと思う。検出された大形住居の集落における位置を概観すると，いずれも集落の中心部に構築されている。これは，この遺構が共同で使用する意図

があったためであろう。

また，大形住居は1集落の中で少数棟しか検出されておらず，しかも同じ位置での建て替え・長軸方向への拡張がなされていることは，集落との相対的な関係や，自然環境を考慮されたためであろう。

次に，大形住居址の形態を時期的な点からみると，早期から中期にかけては，隅丸長方形（小判形）が多く，後期から晩期にかけては円形のものが多い。しかも，小判形を呈するものでは長軸方位がほぼ南北のものが多い。

大形住居址は，すでに「集会所」，「祭祀遺構」，「共同作業所」の諸説がある[11]。これまでに検出された遺構内外の状況をみると，「祭祀遺構」とするには遺構内に祭祀に関連すると思われる岩偶，土偶，岩版の出土例が極めて少ない。したがって，祭祀遺構とするには，資料不足の感がある。

遺構内の付属施設をみれば，床面に複数の地床炉，石囲炉が検出され，単体で検出される場合は大形である。これは，集会などで単に暖をとるだけの必要規模とは思われず，共同作業的要素が濃くなる。また，大形住居址の検出される遺跡には，調理具と考えられる半円状扁平打製石器，磨石類の出土例が多く，これらは堅果類の調理に使用されたものであろう。近野遺跡の大形住居址の柱穴から多量に炭化した堅果類（ドングリ，クルミ，

クリなど）が出土したのも，縄文時代の人々が堅果類を多用した好例といえる。渡辺誠氏は，大形住居址について「雪国の共同作業所」とし，食糧を屋根裏に貯蔵したと述べられている[12]。屋根裏貯蔵は，居住を目的とする住居と比較すれば，大形住居の方がはるかに多くの食糧を貯蔵できる。また，ピットのように，地下系施設に貯蔵するよりも，乾燥状態のよい屋根裏の方が長期保存のできる利点があり，氏の「共同作業所」説がかなり有力となってくる。つまり，共同作業所は雪国における集落の食糧の共同管理作業を行なう場所であったろう。いずれにしても，大形住居の機能については，検討を要する課題であるが，集落の中において重要な機能を持つ構築物であることは間違いない。

註
1) 青森県教育委員会『大平遺跡』1979
2) 青森県教育委員会『近野遺跡』1979
3) 岩木山刊行会『岩木山』1968
4) 秋田県教育委員会『杉沢台遺跡』1981
5) 北上市教育委員会『八天遺跡』1979
6) 二戸市教育委員会『中曽根Ⅱ遺跡』1981
7) 岩手県埋蔵文化財センター『野駄遺跡』1981
8) 岩手県埋蔵文化財センター『荒屋Ⅱ遺跡』1981
9) 岩手県埋蔵文化財センター『松尾村長者屋敷遺跡Ⅰ』1980，同『Ⅱ』1981
10) 山形県教育委員会『小林遺跡』1976
11) 中村良幸「大形住居」縄文文化の研究，8，1982
12) 渡辺誠『縄文時代の植物食』1974

金沢美術工芸大学助教授

大形住居址 （北陸地方）——————■ 小島俊彰
（こじま・としあき）

昭和57年4月，富山県朝日町不動堂遺跡に萱葺きの住居址3棟が復元し公開された。2号住居址の復元には，約6,800束（直径15cm大）の萱が必要であった。普通の大きさ（径6m）の1号住居址が1,300束というから，この一事をもってしても，2号住居址に加えられた縄文人の総労働量は，一般住居とは一律に計算できぬ多大なものだったと考えられる。

縄文中期前葉の不動堂遺跡2号住居址は，長さ17mの長楕円プランを持ち，14の柱穴が規則正しく対称的に掘りこまれ，長軸線上に4個の石組炉が設けられていた[1]。昭和48年の発掘当時は，このような巨大な類例はなく，"日本最大の竪穴

住居址"の名を得たものだった。

日本最大という称号は，不動堂2号住居址から青森県近野遺跡8号住居址（長径19.5m），岩手県鳩岡崎遺跡 DE 18・CJ 24 住居址（長径23m）へ，さらに現在は長径31mの秋田県杉沢台遺跡 SI 07 住居址に移っている。

しかし，富山・石川県においては，不動堂遺跡の発掘から8年を経過しこの間に数多くの住居址が発見されているのに，不動堂2号住居址を凌駕するものはない。大きなものは，11mの松原遺跡4号住居址[2]，9mの水上谷遺跡6号住居址[3]，8mの蒔生遺跡4号住居址[4] などがあげられる[5]。いずれも各遺跡の中では大きく，同じ縄文中期に属していて，集落の中における共通した意味を持

っていたという考慮は必要であるが，不動堂2号住居址のような絶対的な大きさはない。

新潟県の大形住居址としては，中期後葉の津南町沖ノ原遺跡第1号長方形大形家屋址[6]がよく取り上げられる。長さ10m。沖ノ原遺跡の中では大形であり形態も違い，特別な遺構である。しかし，不動堂や近野・鳩岡崎・杉沢台例とは，炉が1個のみであることや，大きさに隔りがある。長さだけでなく，沖ノ原例は幅が4mと小さい。杉沢台や近野・鳩岡崎など大形長楕円形住居址の典型的なものは，長軸に大小はあっても幅は8m前後，向き合う柱穴の間隔は4m位という共通する大きさがある。この数値は，普通の住居址よりも，一まわり大きなものである。

北陸地方の前期から後期前葉の住居址には，明明白白に増築や建て替えの痕跡を持つものは，不動堂2号住居址以外にはない。水上谷・松原・菩生の大形の住居址も，また沖ノ原例も大柱穴に何かいわくがありそうだが，増築・建て替えの行為は報告されていない。

不動堂2号住居址の主柱穴（P_1〜P_{14}）の6穴は，重複して掘られている。写真にこれが表われていないのは，一方が貼り床で埋められているからだ。このことなどを理由に，2号住居址は3回の増築の結果であるという見解が発掘時からある[7]。吉峰遺跡（富山県）で発掘された中期初頭の34号住居址が，不動堂2号住居址を半截したような半円形をしていたこともあって，増築説は今も生きている[8]。一部の柱を抜き替えたとか，建て替えたという見方もできるだろう。

東北地方の典型的な大形住居址のほとんども，建て替え・増築の跡を明瞭に残している。あたかも増築・建て替えが目的ででもあるかのように，同一地点で手を加えては用いている。

大きさと建て替え・増築の2点から，北陸における不動堂2号住居址の特異性と典型的大形住居址間の共通性を述べてきたが，これは決して沖ノ原例などの特殊性を否定しようとするものではない。大形住居址の分布が多雪地にあることから，「共同利用の作業所で屋根裏は貯蔵庫」とその用いられ方を積極的に論じている渡辺誠氏の説[9]には聞くべき所が多く，その観点では共通点も当然多くなる。ただ，特異性をつきつめることによって，不動堂2号住居址の持つ意味に少しでも近づければと思うのである。

近年富山県大門町小泉遺跡の花粉分析をおこなった安田喜憲氏は，縄文前期後半（分析層からは新崎式もその後に発見されている）の小泉では「縄文人の撰択的な中尾の言うクリの半栽培の段階が想定される」と発表している[10]。新崎式期が転換期といわれて久しいが，安田氏が提起した問題とも重ね合わせて，新崎式期と不動堂2号住居址を見つめて行きたい。

不動堂遺跡2号住居址

註
1) 富山県教育委員会『富山県朝日町不動堂遺跡第1次発掘調査概報』1974
2) 池野正男ほか『富山県庄川町松原遺跡緊急発掘調査概報』庄川町教育委員会，1975
3) 橋本正・神保孝造『富山県小杉町水上谷遺跡緊急発掘調査概要』富山県教育委員会，1974
4) 西野秀和『菩生遺跡』辰口町教育委員会，1978
5) 石川県能都町姫西上野遺跡に長径13mの事例があるが，本報告を待ちたい。
6) 江坂輝彌・渡辺誠『新潟県中魚沼郡津南町沖ノ原遺跡発掘調査報告書』津南町教育委員会，1977
7) 註3)に同じ
8) この他に中村良幸氏が「大形住居」（『縄文文化の研究』8，1982）の中で，3回の完全重複説があると記している。
9) 渡辺誠「雪国の縄文家屋」小田原考古学研究会会報，9，1980
10) 安田喜憲「気候変動」縄文文化の研究，1，1982

貯 蔵 穴

秋田県埋蔵文化財センター
■ 永 瀬 福 男
(ながせ・ふくお)

1 土壙の概要

縄文時代前期から晩期の集落跡の調査では，住居の近くで，貯蔵穴と考えられる袋状土壙が検出されることが多い。

袋状土壙の形態はバラエテーに富むが，基本形は，開口部と頸部が狭く，胴部はだんだん広くなり，底面は円形をなす。理科の実験に使用する「フラスコ」に類似するため，フラスコ状ピットと呼称されることもある。深さは1.5m前後のものが多いが，なかには1mに満たないものや3mを超えるものもある。

底部は平坦な場合が多いが，近年の調査例には，底部周囲に溝をめぐらす例，放射状に溝を掘る例のほか，数個のピットを持つ例が増えている。

住居との関係では，住居内に付設される場合と住居外に構築される場合があり，後者の例が多い。そして，住居外に構築された袋状土壙は，集落の一定の場所に群集する傾向を窺うことができる。

住居の外に構築された土壙のなかには，周囲に柱穴がめぐり，上屋の存在を惹起させる例も存在する。このような例や住居に付設される例などから考えると，土壙内の空間を確保しておきたかったものと思われる。すなわち，雨水・雪・土砂で埋没しないための配慮であり，住居の外に構築した土壙には，蓋をして使用したものと考えられる。

上狭下広のフラスコ状を呈する土壙を掘る作業は，垂直や上広下狭の穴を掘るのとちがい，かなり困難な作業である。にもかかわらず，なぜ，このような土壙を掘る必要があったのか。開口部を狭くすることによって，一定の温湿度を保持することが目的であったと考えられる。また，蓋をして使用したとすれば，広い開口部よりは狭い開口部のほうが，蓋をしやすい。頸部が長いのは，土壙の周囲を歩きまわったり，出入りするとき開口部周辺の土砂が崩落しないように，土層を厚く（頸部を長く）する必要があったためと考えられる。

2 土壙内の出土遺物

これらの土壙からは，遺物が検出されることは少なく，土壙の性格を決定し得ない原因になっている。数少ない遺物出土例を手元の資料で紹介したい。

人骨が出土した土壙は，岩手県上里遺跡[1]，秋田県萱刈沢貝塚[2]などがあり，上里遺跡では，1基の土壙の覆土から7体の人骨が検出されている。

貝類が検出された土壙は，秋田県杉沢台遺跡[3]でヤマトシジミ，萱刈沢遺跡でヤマトシジミ，千葉県築地台貝塚[4]でキサゴ・二枚貝，荒屋敷貝塚[5]でキサゴ・ハマグリなどの例がある。

秋田県大畑台遺跡[6]では，鳥骨（トビ）のほか獣骨（シカ），魚骨（サメ類・エイ類・ニシン・サケ科・マダイ・クロダイ・ブリ・サバ類・コブダイ・カサゴ科・アイナメ・コチ・ヒラメ）を出土した土壙もある。千葉県加曽利北貝塚[7]でも魚骨が出土している。

堅果類を出土した土壙は，北海道トビノ台遺跡[8]でクルミ，秋田県梨ノ木塚遺跡[9]でクリ，宮城県三神峰遺跡[10]でクルミ，今熊野遺跡[11]でクルミ・クリ，富山県水上谷遺跡[12]でクリ，新潟県川船河遺跡[13]でドングリ，千葉県加曽利南貝塚[14]でクリ，岡山県南方前池遺跡[15]でドングリ・クリ・トチ，山口県岩田遺跡[16]でドングリなどの例がみられる。

3 土壙内の温湿度

上狭下広を特色とする土壙は，温湿度を一定に保ちたいという思考があったのではないかという発想のもとに，秋田県下堤遺跡[17]，萱刈沢遺跡，館下I遺跡[18]では，調査期間中に土壙内の温湿度を計測している。

下堤遺跡では，開口部径76cm，深さ179cm，底部径286×256cmの土壙で，外気の変化に関係なく，温度15℃，湿度93％。

萱刈沢遺跡では，開口部径93×85cm，深さ178cm，底部径201cmの土壙で，外気に関係なく温度15℃前後。

館下Ⅰ遺跡では,開口部径108cm,深さ118cm,底部径 100cm の土壙で観測したところ,外気の温湿度が38℃, 45%のとき,土壙内は18℃, 94%であった。また,二重構造の土壙（フラスコ状土壙の底部にフラスコ状の土壙を持つ）では,外気の温湿度が 26℃, 60% のとき, 上の土壙内は 19℃, 90% であり,下の土壙は15℃, 90% であった。

3遺跡の観測データをまとめると,外気の変化に関係なく,温度は 15℃ 前後,湿度は 90% 以上である。

上記の観測は,夏期に実施されたものであるが,冬期はどうなるのだろうか。秋田県古館堤頭遺跡[19]では,土壙の周囲に柱穴のめぐる例が2基検出された。この柱穴を上屋架構のためのものと考え,上屋を復元してみた。柱穴は円形に配置されていたため,上屋は円錐型とした。復元の材料は,柱をクリ丸太,屋根はカヤでふいた。1～3月の観測結果は,表のごとくであり,観測結果をまとめると次のようになる。

(1) 土壙内の温湿度には大きな変化はないが,外気温に微妙に反応する。外気温 −10℃ のとき,土壙内は −2℃ 近くまで下降した。1～2月は,土壙の開口部・頸部・床面は常に凍結していた。

(2) 土壙の開口部にカマスで蓋をしてみたところ,外気の変化とは関係なく,温度は2℃ で,湿度は 82～93% であった。したがって土壙内は凍結することはなかった。3月になると温度は 3℃ に上昇した。

蓋をした土壙内にジャガイモを貯蔵してみたところ,凍結することなく保存されたが,春になると発芽した。

2月に秋田県山本町のある農家で,ジャガイモを貯蔵している貯蔵穴で温湿度を測定してみたら,蓋をした状態で 2℃, 80% であった。

4 植物性食料の貯蔵穴

袋状土壙の性格は,形態・集落内での構築位置・覆土の状況・出土遺物と出土状態・温湿度を総合的に考察することによって明らかになってくるものと考えられる。そして,第一義的には植物性食料の貯蔵を,第二義的には土壙墓・捨て場・その他の再利用と考えるのがもっとも蓋然性が高いように思われる。

根茎類・堅果類を穴のなかに貯蔵する方法は,古くから行なわれてきた。貯蔵のための適温・適湿度は,たとえば,ナガイモ・ゴボウは 2～3℃,90～93%, ダイコン・ニンジンは 0～3℃, 90～95% であり,ナガイモ・ゴボウは −0.5℃ で,ダイコン・ニンジンは −1.5℃ で凍結する[20]。

根茎類の貯蔵のための適温・適湿度は,冬期間

表 袋状土壙の温度と湿度（秋田県古館堤頭遺跡）
測定地点（A：屋外　B：屋内　C：土壙内）

年月日	温　　度	湿　　度	土壙 No.1 B 温度	土壙 No.1 B 湿度	土壙 No.1 C 温度	土壙 No.1 C 湿度	土壙 No.2 B 温度	土壙 No.2 B 湿度	土壙 No.2 C 温度	土壙 No.2 C 湿度	備　　　考
52・1・29	−2 (−10.5～−5)	31(31～80)	−2	65	−1	65	−3	67	−1	65	No.1, 2 の頸部, 床面とも凍結
2・1	−7 (−9～−7)	65(56～96)	−1	87	0	80	−4		−1		No.2 の床面凍結 積雪 60cm
2・5	− (0～−11)	82(60～96)	0	82	1	80	−2	84	0	81	工藤氏宅貯蔵穴 (2℃, 80%)
2・12	−3 (3～−7)	62(57～96)	−1	78	1	90	−2	76	−1	83	No.2 の床面凍結 積雪 90cm
2・22	−7 (−6～−10)	73(66～93)	−1	78	(2)	(93)	−3	79	−1	81	工藤氏宅貯蔵穴 (2℃, 80%)
2・26	2.5 (−5～4)	62(62～95)	1.5	77	(2.5)	(92)	1.5	76	1	84	
3・5	−5.5 (−5～−8)	65(46～94)	−2	75	(3)	(92)	−3	77	−1	80	積雪 30cm
3・19	7 (−4～7.5)	77(79～93)	2	70	(3)	(92)	2	75	2	85	積雪 0cm

1) A地点の（ ）内の数字は,その日の最高と最低を表わす。
2) 土壙 No.1 のC地点（ ）内の数字は土壙に蓋をしたときのデーターである。
3) 測定時刻は午後2時前後である。

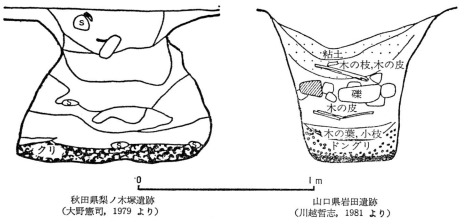

秋田県梨ノ木塚遺跡　　　　　　　　　山口県岩田遺跡
（大野憲司, 1979 より）　　　　　　　（川越哲志, 1981 より）
堅果類出土の土壙

に土壙の開口部に蓋をしたときの温湿度と一致する。土壙内から根茎類を遺物として検出することは不可能であろうが，前述のようにクリ・クルミ・ドングリなどの堅果類は出土している。

鳥骨・獣骨・魚貝類の出土例もあるが，動物性食料の貯蔵は無理のように思われる。夏期の温湿度は，15°C 以上，90% であり，すぐ腐敗する。冬期間も湿度が高いため，長期間の保存は不可能であろう。したがって，鳥骨・獣骨・魚貝類の出土は，投棄と考えたほうがよさそうである。

また，人骨を出土する例については，縄文時代の土壙墓が袋状土壙とは異なる形態をしているのが一般的であることを考えれば，貯蔵穴の再利用と考えたほうがよさそうである。

以上のように，上狭下広の袋状土壙は植物性食料の貯蔵穴と考えられるが，根茎類も堅果類も春になると発芽するため，貯蔵期間は一冬を越すだけであったと考えられる。

なお，岡山県南方前池遺跡，山口県岩田遺跡に代表される西日本の晩期の貯蔵穴は，単に堅果類の貯蔵だけでなく，傾斜地に構築されているところから，渋抜きをも考慮していたのではないかと考えられている。

縄文人が，その生活を維持し，発展させるためには，安定した食料の確保が絶対必要条件であったはずであり，動物性食料の保存もさることながら，植物性食料の保存にも腐心していたものと考えられる。

註
1) 岩手県埋蔵文化財センター『岩手県埋蔵文化財発掘調査略報』1980
2) 八竜町教育委員会『萱刈沢貝塚』1980
3) 秋田県教育委員会『杉沢台遺跡・竹生遺跡発掘調査報告書』1981
4) 千葉県文化財センター『築地台貝塚・平山古墳』1978
5) 千葉県文化財センター『千葉市荒屋敷貝塚』1978
6) 日本鉱業株式会社船川製油所『大畑台遺跡発掘調査報告書』1979
7) 千葉市教育委員会『加曽利貝塚Ⅰ』1967
8) 中田幹雄『トビノ遺跡緊急発掘報告』1966
9) 秋田県教育委員会『梨ノ木塚発掘調査報告書』1979
10) 仙台市教育委員会『三神峰遺跡発掘調査報告書』1980
11) 宮城県教育委員会『金剛寺貝塚・今熊野遺跡調査概報』1973
12) 富山県教育委員会『富山県小杉町水上谷遺跡緊急発掘調査概報』1974
13) 川船河遺跡団体研究グループ「川船河遺跡について」地球科学, 67, 1963
14) 加曽利貝塚調査団『加曽利南貝塚』1975
15) 南方前池調査団『岡山県山陽町南方前池遺跡』わたしたちの考古学, 7, 1956
16) 川越哲志「山口県平生町岩田遺跡」日本考古学年報, 21・22・23, 1981
17) 秋田市教育委員会『小阿地』1976
18) 秋田県教育委員会『館下Ⅰ発掘調査報告書』1979
19) 山本町教育委員会『古館堤頭遺跡発掘調査報告書』1977
20) 藤本順治「越冬野菜の貯蔵法」農業秋田, 12, 1972

——口 絵 解 説——

縄文時代の漁撈具

■ 楠 本 政 助
宮城教育大学講師

1 鹿角製釣針

1～5は長さ約 3～4cm の比較的小形の釣針である。例示した資料はすべて縄文中期のものだが、アグ（逆棘）のあるもの、ないものなどが混在し、形の上では現在の鉄製品と変わらない。2は軸頭にくびれがなく、単純な結びでは紐が抜け落ちてしまう。特殊な結び方か使用法があったかもしれない。

6、7は鉤状釣針。7は右側の針先が折れた の を軸の部分で研磨し、通常の釣針として使用したものである。なお、この形の釣針は餌をつけて（軸に紐で結びつける）普通の釣りに使えないこともないが、餌のつけかえや魚の口から針をはずすのに大変な手間がかかる。一般的な使用法以外に、たとえば次のような使い方もあったのではないだろうか。

スルメイカの最盛期は夏である。鉤状釣針をイカ釣り用の擬餌針として使用できないか試してみた。水面近く浮上したイカの群れにこの釣針をおろした途端、なんの抵抗もなく足をからませた状態でつぎつぎと釣れたのである。むろん餌などつけ てい ない。ただ、赤い小さな布切れを軸頭に結びつけただけであった。とはいえ、この種の試みで数十尾のイカを釣り上げただけで、これが直ちにイカ釣り専用の擬餌針と断言することはできないが、出土地が仙台湾から大船渡にいたる沿岸で、しかもイカが岸辺近くまで接近する地域に集中している事実は看過できない。したがって、当初述べたように普通の餌をつけた釣針として使えなくはないが実用面では不便この上ないとなると、あるいは擬餌針の可能性が強くなってくるのではないだろうか。

10は軸部片である。この場合通常の内 アグの釣針にさらに軸の内側に1個アグがついた例である。11は先端部の状態は わからないが、軸の下方に下向きのアグがついた例。12は鹿角を枝とも縦に2つ割りにして作った超大形の釣針である。裏面の髄質もきれいに除去し、調整されていて先端部も鋭い。

以上、仙台湾の縄文中期末にともなう釣針の数例を紹介したが、釣針としての機構をそなえたものはこの時期すでに100％ 出尽していることがわかる。中には 10、11のようにアグの位置が常識から外れ、"いったい何の目的で"と疑問に思うもの も あるが、縄文中期後半から末期にかけては漁撈活動のもっとも盛んな時期である。したがって、この種の珍奇な釣針も過渡的なものの1つとしてみられぬこともないが、それより彼らのたくましい創造力を暗示するものと解してやりたい。

2 鹿角製刺突具

1、2は単装固定鈷。仙台湾一帯では 縄文後期末以後に多く現われる。この種の鈷の大半は基部にタールが付着していて、そこにソケット（弓筈または浮袋の口と称されていた角器）を装着して竹の柄に固定し、使用したものであることがわかった。

3は組み合せ式固定鈷。木製の柄頭に 2本ないし3本を散開固定するタイプ。前述の単装固定鈷との相違は、基部が斜めに削られているのと紐かけの突起や溝がついている点である。こうした特異な基部構造になっているため、柄に装着した際先端は自然に散開し、器体の安定を得ることができた。仙台湾周辺では縄文後期末以後に急増するが、中形魚の捕獲にはかなりの威力を発揮したことであろう。

4～6は「ノ」の字形の固定鈷である。長さは約 5～10cm 前後のものが多い。特徴は器体が湾曲し先端部が鈍なのに対し、尾は一様に鋭く、またそのほとんどが器体中央に近い個所にタールが付着している点である。この「ノ」の字形は、木製の柄の先に器体の中間を添わせるようにして緊縛すると、尾は一様に外側に張り出して巨大な逆棘となる。先端をことさら鈍く丸めているのは刺突時の衝撃に耐えるためであり、逆に尾が鋭利なのは逆棘としての効果を十分発揮させる目的からであった。また、中間に著しいタールは柄に装着する際固着を高めるためで、実用の段階では先端部と尾部が若干露出しているだけで、ほとんどはタールで塗り込められた上を紐で巻き込んで強く縛った。通常この形式の鈷は関東以北の太平洋岸一帯で縄文後、晩期に大量に発見されている。それは器形の単純な割に刺突効果の絶大なことに対する信頼度の高さをもの語っている。

7～10は柄の先にソケットを設け、器体の一端をこみとして挿入する離頭鈷の一群である。7～9は縄文中期後半に仙台湾で発生した古式離頭鈷で、このタイプは縄文後期末に燕尾式系統の離頭鈷が出現するまで、実に 1,800 年もの長い歳月を少しずつ改良しながら使い続けられたのである。なお形の上から古式離頭鈷と有鉤回転鈷（10）に分類されているが、使用法は全く同じで古式離頭鈷から有鉤回転鈷に進化したことは明らかである。

11、12は燕尾式離頭鈷で、仙台湾では 縄文後期の終り頃に姿を見せ始めた。この離頭鈷の特徴は旧来の古式離頭鈷系と異なり器体の下部に盲孔すなわちソケットがついていることである。したがって、長い柄の先に木製のこみがつきソケットに差し込んで獲物に打ち込むが、ソケット自体が鹿角であるためきわめて強固で、従来の鈷の最大の欠陥であったソケットの 軟弱さが解消した。12は実験用に複製したもので、先端に抉りを入れて無柄石鏃を挿入しタールで固めている。まれに晩期中葉に出土する。

——口 絵 解 説——

― 口 絵 解 説 ―

縄文草創期の貯蔵穴――
――鹿児島県東黒土田遺跡

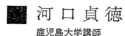
河口貞徳
鹿児島大学講師

東黒土田遺跡（鹿児島県曾於郡志布志町内之倉）は縄文草創期の遺跡で，宮崎県との境にあり，県道大堂津―志布志（111号）線が宮崎県の射場地野集落にはいる手前の北側にあたる。志布志湾に注ぐ前川上流のせまい谷頭平地に，北から突き出した丘陵末端の舌状台地（標高 162m）に立地し，平地面からの比高は約 20m である。

昭和 55 年 12 月に河口貞徳・瀬戸口望が発掘調査を行なった。その結果，地層は基盤のシラス層（姶良カルデラ起源・約 2 万 2 千年前）まで深さ 1.4m あって，7 層に分かれ，地表から 2 層目にはアカホヤ層（竹島・幸屋火砕流・約 6 千年前），4 層目には薄層理軽石質火山灰層（桜島火山起源・10,063 年〜11,200 年前）が明瞭に堆積していて，編年上良好な鍵層となった。

遺物は第 3 層と第 6 層にみられ，第 3 層からは縄文前期および早期の遺物が出土し，第 6 層からは縄文草創期とみられる隆帯文土器片と，遺構が検出された。

本遺跡でとくに注目されるのは，1 万年を遡る第 6 層の出土状況である。6 層上部からは長さ 165cm，幅 70cm，深さ 20cm の，安山岩などの板石で縁どりした舟形土壙が出土しており，一端は未発掘のため長さはさらに延びるであろう。内部から木炭粉の出土があり，縁石の一部が焼け爛れているなど，火を用いた顕著な遺構である。

6 層下部からは，さらに下層のシラス層に掘り込まれた木の実の貯蔵穴が検出された。直径 40cm，深さ 25cm の浅鉢状を呈し，内部には炭化した堅果が，黒色の土が混じった状態で一ぱいに満たされており，直上を被覆した土も黒色を帯びていたのは，木の枝などをかぶせたためかもしれない。摘出した木の実は，長軸と短軸の測定値平均が 15.15±1.63×11.46±1.68mm であった。粉川昭平氏らによると，同形子葉で，形は基部の太いものが多く，溝のみえるものがなく，子葉はほとんど分離し，幼根が長く深くはいっているなどの特長があり，クヌギ，アベマキ，カシワ，ナラガシワのような落葉性の *Quercus* である可能性があるという。この貯蔵穴出土の木の実による C-14 年代は 11,300±130 年 B.P. で，鍵層の年代とも適合するものである。

当時は洪積世最末期（1.1 万年前）の顕著な氷河小進出期にあたり，年平均気温で 3〜6 度現在よりも低かったと推測されている。遺跡地に落葉性の *Quercus* の森林が存在したことから，当時の南九州は現在よりもはるかに寒い気候であったものと推測される。

第 6 層からは，前述の遺構に共伴するものとして隆帯文土器が出土している。口縁部に粘土帯を貼り付け，指または棒を用いて押圧したもので，隆帯の縁部に爪形が連続施文されたものもある。同類の土器は志布志町鎌石橋遺跡，鹿屋市牧之原遺跡のほか，宮崎県串間市大平遺跡などからも出土し，大隅半島南部に分布がしられ，1 つの型式を形成するものと思われる。

東黒土田遺跡において，堅果が貯蔵穴を設けて保存されていたことは，その文化段階の内容を明らかにしたものであり，堅果の種類が落葉性の *Quercus* であったことは，当時の森林帯が現在と異なって，南九州まで落葉広葉樹林帯に被われていたことを示し，はからずも土器の発生は，照葉樹林帯でなく，落葉広葉樹林帯においてであるらしいことを示すこととなった。中村純氏は花粉分析の結果によって，晩氷期（12,000〜9,000 年 B.P.）には森林帯は 1,000m くらい下降していたとしているが，東黒土田遺跡における結果はこれを裏づけるものとなった。

本遺跡は渡辺誠氏の設定した植物採集活動の類型の第Ⅱ期に該当するが，それに具体的内容を与えるもので，第Ⅱ期に与えられた文化段階よりもやや進んでいるようである。

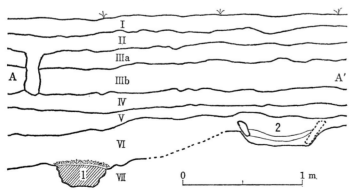

東黒土田遺跡地層図（AA′水準 162.81m　1：貯蔵穴　2：舟形土壙）
Ⅰ：黒褐色火山灰層　Ⅱ：アカホヤ層　Ⅲa：青灰色層　Ⅲb：黒褐色層
Ⅳ：薄層理軽石質火山灰層　Ⅴ：黒褐色土層　Ⅵ：褐色土層　Ⅶ：シラス層

特集●縄文人は何を食べたか

人類学からみた縄文時代の食生活

東京大学教授 埴原和郎
（はにはら・かずろう）

縄文時代の人々の食生活あるいは栄養の状態がどのようであったかを，自然人類学の立場からどれくらい推測できるだろうか。

　古代人の食生活を論ずることは，むしろ考古学的研究に負うべきことで，自然人類学の立場から考えることはきわめて困難である。しかし食生活，あるいは栄養の状態は骨や歯に何らかの影響を与えるはずで，ある程度の推測は可能であろう。そこでこの稿では，縄文人の食生活あるいは栄養条件について，骨や歯から推測できることをいくつかとりあげてみようと思う。

1　う蝕と咬耗

　まず食物ともっとも関係の深い器官は，いうまでもなく歯であり，食物が歯に与える影響のうち，もっとも明瞭に現われるのはう蝕と咬耗である。そこで，まずう蝕について考えることにする。
　現代の日本人ではう蝕罹患率がきわめて高いといわれている。これはもちろん食物，とくに糖質の影響が強く，糖質の摂取量とう蝕罹患率の間には高い相関がある。
　う蝕の成因については，歯科の専門家の間でさまざまな議論があるが，ほぼ一致した見解は次のような考えかたである。う蝕は，歯の表面に附着した糖質が口腔内の細菌によって発酵して酸を生じ，これによってエナメル質が脱灰され，また有機質が溶解されることによって起る。
　またう蝕の発生率は，歯の自浄作用の程度と逆の相関をもつ。歯の自浄作用は，固い食物や線維質の多い食物をとるときに強くなり，う蝕を生ずる原因となる糖質の歯の表面への停留を阻止するのである。したがって当然，う蝕の発生は食物の種類に大きく左右されることになる。

　さて縄文人は一般にう蝕が少ないと考えられているが，実はかなり高い罹患率を示すことが知られている。縄文人のう蝕の調査はしばしば行なわれているが，ここでは歯科の専門家である井上直彦・伊藤学而・亀谷哲也ら（1980-81）の調査結果を紹介する。
　井上らは東大人類学教室に保管されている後期縄文人の歯において，う蝕罹患率（有病者率）が 58.2% にのぼることをたしかめた。この数字は現代人の 85.5% よりは低いが，鎌倉時代（62.8%）および江戸時代（62.5%）に近く，室町時代（28.6%）よりはるかに多い。
　さらに井上らによれば，う蝕には"砂糖型う蝕"と"ディスクレパンシー型う蝕"があるという。前者は単純に糖質の摂取によるものであるが，後者は顎骨と歯の大きさの不調和（ディスクレパンシー）によって歯ならびが悪くなり，自浄作用の及ばない部分が多くなるために発生するものである。
　この点からみると，縄文人では顎骨が比較的大きく，歯ならびがきれいであるので，彼らのう蝕は"砂糖型う蝕"であるということになる。もちろん縄文人が現代のような砂糖をたべていたわけではないが，このことは，彼らがかなり多量の糖質を摂っていたことを示唆している。
　一般に縄文時代は採集狩猟経済で，肉や海産物を多く摂っていたと考えられているが，この調査の結果はそのような考えと一致しない。この時代の食物で糖質の多いものとしては，ヤマイモやユリなどが考えられるが，少なくとも関東を中心とする後期縄文時代には，かなり多くの糖質を含む

食物を摂っていたのではないかと思われる。

最近，縄文時代にも原始的な稲作が行なわれていたのではないかということが考古学者の間で問題となっているが，う蝕の罹患率からみて，糖質食品の問題はさらに追及してみる必要があるように思われる。

ただしう蝕については遺跡間に大きな差があったらしい。たとえば吉胡貝塚人骨ではう蝕有病顎率は 50.5%，津雲貝塚人骨では 24.0%（以上いずれも清野謙次・金高勘次，1929による）である。これらの数字は有病者率と有病顎率であるので，井上らの結果と直接比較はできないが，いずれにしても縄文人のかなり多くがむし歯に犯されていたことを物語っている。

つぎに歯の咬耗について考えてみる。いうまでもなく，歯の咬耗の主原因は食物の咀嚼にあるが，その程度は，食物の種類によって大きく左右される。

ところで，歯の咬耗は年齢とともに強くなるので，死亡年齢がちがう個体の咬耗度を各時代について直接に比較することはできない。そこで，各時代の咬耗度を比較するためには，年齢要素を消去する必要がある。アメリカの E. C. スコット（1979）はこのため，主軸分析法を採用することを考えたが，この方法の原理は次のとおりである。

まず第1大臼歯と第2大臼歯との咬耗度に注目し，その差を数値化する。その理由は，前者がほぼ6歳，後者がほぼ12歳で萌出するので，両歯の咬耗度の差は約6年間の咬耗の程度を表わす。この差を多数の個体について主軸分析法で計算すると，その集団の平均的な咬耗度がわかり，しかもこれは年齢要素を消去したものとなる。

筆者ら（1981）はこの方法を応用し，縄文時代から現代にいたる日本人の咬耗度を比較した。その結果，縄文人（中期以降）では 1.0，弥生人（北九州内陸部）0.91，鎌倉時代人 0.77，江戸時代人 0.66，現代人 0.69 という数値をえたが，これは時代が下るとともに咬耗度が低下してきたことを示している。

縄文人で咬耗度が強いのは，彼らが硬い食物，つまり肉類や線維の多い食物を摂っていたためと考えられる。この結果は，上記のう蝕罹患率と矛盾するようであるが，この矛盾は次のように説明できる。

縄文人のう蝕は一般に歯の隣接面に多く，咬合

面には少ない。この事実は，彼らが糖質を含む食物とともに，線維質の食物や肉などをも摂っていたことを示すものと考えられる。つまり，線維質の食物や肉類は咬合面の自浄作用をうながし，この部分でのう蝕を阻止するが，歯の隣接面までは自浄作用が及びにくい。そこで比較的多くの糖質をも平行して摂っていたとすれば，一方では強い咬耗を生じ，また同時に隣接面のう蝕も生じたということになる。

以上を総合して考えると，縄文人は肉，魚貝類，線維性の食物と同時に，かなり多量の糖質を摂っていたのではないかと思われる。またこれらの食物の比率は，当然遺跡の立地条件に左右されたと考えられ，これが遺跡間のう蝕罹患率の差を生じたのであろう。

2 身 長

身長はもともと遺伝的要因に支配されているが，最終的にはその他の環境要因，つまり種々の生活条件の影響をかなり強く受けるものと思われる。たとえば日本人は，明治以後約100年の間に，平均 10 cm 以上も背が高くなったが，これは遺伝子が変化したのではなく，生活条件の変化によるものと考えられる。そして生活条件の中でもっとも大きな役割を果たすのは，やはり栄養であろう。

たとえばマヤのティカール遺跡出土の人骨を研究した W. ハヴィランドによれば，この遺跡では西暦 500 年を境として男子の平均身長が 10 cm 近くも低くなっているが，これは人口増加のために，1人あたりの栄養が低下したことによるものであろうとしている。

日本人の身長の時代的変化については，平本嘉助（1972）の研究がある。平本は大腿骨最大長より藤井明（1960）の計算法によって身長を推定したが，その結果，男子の平均身長は縄文時代（中期以後）が約 159 cm，古墳時代 163 cm，鎌倉時代 159 cm，室町時代 157 cm，江戸時代 157 cm，明治初期 155 cm と計算された。これをみると，縄文時代から古墳時代にかけて身長はかなり高くなったが，その後徐々に低くなり，明治初期，つまり江戸時代の最末期に生まれた人がもっとも低身長になっていることがわかる。

この身長低下の原因は一概にはいえないとしても，栄養の不足または偏りがその一因となってい

るように思われる。その要因として，仏教の影響によって肉食が極端に少なくなったからだという考えかたもあるが，それが主要因となったかどうかはわからない。しかしティカール遺跡の例からもわかるように，人口増加によって個体単位の栄養が悪くなることも考えられるし，また栄養の不均衡という要素も見逃しえないであろう。

この点から考えると，縄文人の栄養はかなり良好で，またバランスのとれたものであったと思われる。アメリカインディアンでも，農耕の発達によって食物の量は多くなったが，栄養の質は低下し，そのために身長が低くなったと思われる例がある。

このように，身長という点からみても，歯のう蝕や咬耗でみたように，縄文人は適度の動物性食品，線維性食品および糖質を，かなりよいバランスで摂っていたのではないかと思われる。

3 骨のハリス線

骨に現われる病変の種類は多いが，とくに栄養障害と関連するものとしてハリス線が注目されている。これは大腿骨，脛骨，足指骨など，主として下肢の長骨に現われるもので，骨の長軸と直角の方向に生ずる骨梁である。そして生体でも骨そのものでも，X線検査によって容易に認めることができる。

縄文人において最初にハリス線に注目したのはおそらく鈴木尚（1950）で，縄文早期の平坂貝塚人にこれを認めて報告した。鈴木によれば，この個体は思春期までに，数回にわたってかなり重篤な栄養失調を経験したという。

また北條暉幸（1972）は中足骨のハリス線を調査し，縄文人では現代人に比してその数が多く，またハリス線そのものが太いことを報告した。

再びアメリカインディアンの例をあげると，C. カシディの研究では，脛骨のハリス線はインディアン・ノル（ケンタッキー州，約5,500-4,000年前）の人骨では平均 11.3 本であったが，同じくケンタッキー州のハーディン遺跡（16-17世紀）の人骨では 4.1 本であったという。

ハリス線の成因に関する動物実験によると，これは栄養失調のみでは起りにくく，その後の十分な栄養補給が必要であるという。この見地からみれば，ハリス線が多数生じていることは，栄養状態の悪化が何度も起ったことを物語るが，同時に

それは，恢復するための十分な栄養をとりうる時期もあったことを示している。

カリフォルニア・インディアンについて調査した H. マックヘンリーは，ハリス線の数についてカシディと同様の傾向を認めたが，それは，古代において栄養の季節的変動があったためであろうとしている。

一般に採集狩猟生活では食物の貯蔵ができず，栄養摂取量は自然条件に左右されることが多い。また季節によってもかなりちがっていたと考えられるので，年間を通して同程度の栄養をとっている農耕民や現代人に比して，ハリス線の出現率は高くなるものと思われる。しかし，ハリス線が多いということは，縄文人が常に飢餓にさらされていたことを示すものではなく，かなり重篤な栄養失調が恢復しうるような，豊富な栄養をとる時期もあったことを示していると考えられる。

以上，骨または歯から推測される縄文人の食生活についてごく簡単にふれたが，全体的にみると，縄文人の食生活は自然条件に左右されやすい不安定な面もあったが，常に飢餓状態にあったのではなく，時期によってはかなり豊かな食生活をしていたように思われる。またある程度の糖質食品も含めて，全体としてかなりバランスのよい栄養を摂っていたと考えてもよいであろう。

最近，主としてアメリカでは，人骨から当時の栄養状態を推測する "古栄養学"（paleonutrition）が盛んになり，さまざまな研究方法が開発されている。たとえば人骨中のコラーゲンに含まれる炭素同位体 ^{12}C と ^{13}C との比によって，摂取した植物の種類が推測されることがある。

また人骨中のストロンチウム含有量によって，植物食と動物食との差がわかるともいわれている。つまり，植物には多少ともストロンチウムが含まれており，これが骨の中に蓄積されるのであるが，動物の肉の中にはストロンチウムがきわめて少ないので，骨中に蓄積される割合も低くなるのである。

このような研究は日本ではまだ行なわれていないようであるが，古代人の食生活や栄養状態を知るためには，さまざまな考古学的研究とともに，今後はこのような方法をも含めた，新しい視点からの人骨の研究が必要であろう。

特集●縄文人は何を食べたか

縄文農耕論の再検討

縄文中期に，はたして「農耕」とよべるようなものが存在しただろうか。さらに，縄文晩期後半の開始が確実視されている稲作の起源は，今後どこまで遡れるだろうか。

縄文中期農耕論／縄文晩期農耕論

縄文中期農耕論

諏訪考古学研究所
宮坂光昭
（みやさか・みつあき）

1 藤森栄一氏の中期農耕説

縄文中期農耕存否の学史のなかで，第二の論争を生んだ諏訪地方（八ヶ岳西南麓）をフィルドとした故藤森栄一氏と諏訪考古学研究所の同志たちは，報告書『井戸尻』(1970年）発刊前後，縄文中期農耕論を証明しようと，中期縄文文化諸現象に焦点を当てて物の観方，考え方をしてきた。つまり一連の藤森論文[1]の補強をする心づもりであった。ことに『井戸尻』を作成する過程で，仲間で問題点を論議しあい，それがやがていくつかの論文になったのである。

当然筆者もその頃の論文[2]は，縄文中期農耕論を補強する心算のものであった。また武藤雄六氏[3]，桐原健氏[4]らも同じ目標の論陣をはったのであった。一方，藤森氏に教示を受けていた渡辺誠氏も縄文中期における食糧の追求を，海岸部で漁撈面から，山地では植物質食糧集成[5]とアクぬき技術解明に成果をあげてきていた。

藤森中期農耕説は，1つには縄文中期文化研究に飛躍的な発展をうながした。そして，先生の到達した「植物嗜食民」[6]の生活にいたるまでには原始的な焼畑陸耕論による植物栽培から，クリ帯文化論のクリの木の保護管理という栽培のしかたを考えていた。つまり民族学者が提出した仮説の半栽培という段階にあたるものであった[7]。

藤森先生の研究において，その反省期には，出土した植物遺存体については，「これは植物学の仕事であり，われわれは考古学を通じ，中部高地の縄文文化の構造を究明すべき」と教え，「前論の粗雑であった分については撤回もする」[8]と述べ，中期農耕論の再資料として耐えうるような再構築をはじめた[9]。そのような考えの結果，「植物嗜食民」という表現を用いて，潤葉樹林のなかの果実と植物，動物に依存する生活文化に到達している。

藤森縄文中期農耕論の最後のまとまった論[10]は雑穀栽培を強調していない。栽培的である風物を強調し，栽培物はイモ類，クリ，ユリなどで，打製石斧はその掘り具と想定したのである。しかも「始源農耕の肯定論者としては」とことわって，縄文中期に特定地域に原初の植物栽培がはじまり，気候の理由から全国的に拡散せず終わった，と結んでいる。

筆者とか武藤らは，この頃東アジア全体のなかで農耕自成説のほか，渡来を考える立場から，中国のヤンシャオ文化期にあるアワの栽培に目をむけ，縄文前期末頃，海流にのって日本海の北陸あたりにアワ，ウルシ，彩文土器の渡来（漂着）を考え，雑穀栽培の発言[11]をしたことがある。

藤森先生逝去後，地元での縄文中期農耕論は2つの考え方に代表されよう。1つは農具としての石器機能の実験と雑穀栽培実験および食用植物を食糧化する実験の方法，他は縄文中期農耕論の最

アワ状頴果の炭化物の一部
諏訪市荒神山 70 号住居址出土。空洞は約 2 mm の粒。

弱点であった，縄文後期文化への解釈の仕方を，「われわれは考古学を通じ」文化内容の変化を把握する事。そして植物遺存体出土の扱いは，「これは植物学の仕事であり」とする，関連諸科学を導入する考え方である。

前者は報告書『曽利』(1978年) などにみる方法である。筆者は荒神山遺跡 70 号住居址出土炭化種子発見の際，調査団側に植物専門家の鑑定を強く進めた[12]ように，植物学者側などの科学的な同定をうけるような考え方に立ってきた。

荒神山遺跡の炭化種子塊はエノコログサ属の頴果の炭化で，大石遺跡資料の分析では，アワの頴果の炭化する過程で生じたものと発表された[13]。その時点で筆者は縄文中期農耕論は雑穀栽培が存在したものとして，あとは八ヶ岳山麓における中期文化から後期文化への衰退化の実証的説明と，八ヶ岳山麓以外の地域での雑穀栽培の伝播・分布の有無の証明の必要を考えていた。当時，炭化種子類似物の発見は荒神山遺跡 3，大石遺跡 6，原村上前尾根遺跡 2 など，諏訪地方にあいついで知られていた。

1978年 7 月，有用食物研究会による信州シンポジウムが開かれ，松谷暁子氏が荒神山遺跡出土炭化種子について，灰像法による走査電子顕微鏡の鑑定結果を報告された。それによるとアワかどうかを同定したところ，「シソ科のエゴマ」であるといわれた。諏訪の研究者は初耳の報告で，受け止め方は二通りあったと思う。『曽利』にみる考え方と，植物遺存体の鑑定は専門分野にまかせ，考古資料による立論の方法という考え方であった。荒神山，大石両遺跡出土の炭化種子はその後，アワからアワ状の頴果の炭化物と変更され[14]，炭化種子を同定する側のむずかしさを感じさせられた。

2 植物栽培肯定資料の検討

縄文中期農耕藤森説は，縄文中期文化の遺物のなかに，農耕に関係するものがどうもあるらしいと考えた点と，中部関東地方で急激に土器が隆盛化し，遺跡も増加するのは狩猟・採集社会より，農耕社会を考えた方が解釈できるのではなかろうか，と考えた点にある。初期の論文に取りあげた資料は次のようであった[15]。(1)石鏃，(2)打製石斧，(3)乳棒状石斧，(4)石皿，(5)石棒・土偶，(6)凹石の問題。そののち，凹石の発火具説は改変された。また集落構成数も，土器形式の編年整備により，同時 500 戸とした戸数も変更している例も含め，一層中期農耕説の研究範囲の拡大に努めている。その間に反論，批判と研究の推進が当然生じ，縄文中期文化の研究は編年，文化論，集落領域論に盛行をみた。

縄文中期農耕藤森説の総決算は，植物栽培存在の肯定資料を 18 項目あげ，かつ，出土植物鑑定による栽培物の可否は植物学の分野であり，考古学者は考古資料をもって中期縄文文化の構造解明に立ち向うべきであると，考古学研究の本道を述べている。

さて，縄文中期農耕藤森説の肯定資料として提示された 18 項目について，筆者らの責任分野もあるので，整理して検討してみよう。

(1)粟帯文化論，(2)石鏃の稀少問題，(3)剥片の復活，(4)石匙の大形粗型化，(5)石皿の盛行，(6)凹石の意義，(7)土掘具の盛行，(8)石棒・立石の祭壇，(9)女性像としての土偶，(10)土器機能の分岐，(11)蒸器の完成，(12)顔面把手付甕，(13)神の灯，(14)貯蔵具の形態，(15)埋甕の問題，(16)蛇・人体・太陽の施文，(17)集落の構成，(18)栽培植物の問題

以上の提示資料には文化論，生産具としての一次的なものと二次的なもの，精神生活上の用具が提示されている。いま精神的生活具（「栽培的な風物」[16]）を除外し，直接的な資料にあたると，(7)の土掘具については陸耕用具，竪穴住居掘りの道具，芋など根茎類の掘具とも共通する。(5)石皿の盛行については，製粉，粉砕，敲打の道具として共通し，芋，そしてクリ，ドングリ，トチなど堅果類のアク抜きにも利用される。(10)，(11)については，土器の使用途が植物性向きであるということで，澱粉質のもの向きである。(17)の縄文中期農耕説的な集落景観は，農業専業の村ではなく，山村

炉址内出土のパン状炭化物
長野県豊丘村伴野原遺跡 33 号住居址出土
直径 16×17cm, 厚さ 3cm

風景としての，年間スケジュールが農業，狩り，山菜取り，秋の果実類の採集という姿とみている。(18)栽培植物の問題は，(1)と合せてクリに目をむけ，ついでイモ類，ドングリ，クルミに注目した。クリ帯文化論は縄文中期遺跡出土の炭化種子中，かなりの高比率でクリの存在することから，管理保護（毎年の高収穫は不可）も考えている。

以上，直接的な資料として考えたものは，いずれも，澱粉を採取するものに無関係ではない。となると，渡辺誠氏の取りくんでいる「アクぬき技術」の問題で，野生植物のうち，堅果類以外のものも対象とされてくる。つまり野生植物全体のうちから，かなりの有用植物が対象としてうかびあがってくる。

藤森中期農耕説以後，縄文中期農耕論へのアプローチは，小林，五味両氏による石器の研究[17]がある。石器について不勉強の筆者には十分理解できないが，導き出された法則は，「道具は材質に無関係に，同一形態ならば，同一機能になる」というもので，現在の農具と類似する石器を縄文農具としている。

そのほか，いくつかの発言（『山麓考古』）があるが，その結晶が報告書『曽利』であろう。この報告書では，打製石器は耕作から収穫にいたる諸農具であるとの観方をしている。さらに凹石を，クルミ割具説から石皿とセットとしての製粉具説を提示しているが，これも，「同一形態は同一機能」論から出ているものである。

土器観察で注目すべきは，外壁の焼痕とススと，内壁のオコゲの付着に着目していることである。これは焚火による火熱の位置と，内容物の炭化痕との関係であって，長時間弱火にかけて煮沸する用途の結果としている。ドングリのアクヌキの方法にも，長時間の煮沸によるタンニン汁の取り替えの方法がある。つまりアクぬきの一方法にも利用可能と考えられよう。

『曽利』によると，これらの研究結果から，曽利遺跡では縄文中期後半の集落は，ムギ作農耕を行なった集落と報告されている。今後植物遺存体の発見に精度を高め，その専門の科学的鑑定というハードルをクリヤーしてこそ，一層の実証性が高まるであろう。

3 照葉樹林文化論と今後の展望

最近，日本列島の人間生活の舞台のほとんどを占める，照葉樹林と広葉落葉樹林に対する研究が盛んである。つまり植物生態系と文化発展段階の関係について，縄文時代から広域的な視野より考えるものである。いわゆる，中尾佐助氏の照葉樹林文化論以来であって，水稲栽培段階以前を，照葉樹林前期複合と照葉樹林後期複合とした。また焼畑研究の佐々木高明氏により，照葉樹林焼畑農耕説が提出された。このことは照葉樹林帯の農耕は雑穀栽培を中心とした焼畑農耕で，照葉樹林前期複合とした野生採集と半栽培とは別個の立場にある。そののち中尾氏は前説を発展して，(1)野生採集段階,(2)焼畑農耕を基盤とする雑穀栽培段階,(3)水稲栽培段階という区分を提示している[18]。

これらの民族学側から提示されている説はいずれも照葉樹林帯のなかの文化段階であるが，われわれにとって「隔靴掻痒」の感をいだくのは，「もともと私たちの仮説は，年代決定には大変弱い」[19]という言葉にいい表わされていよう。しかし花粉分析の成果は次第に精度を高めており，列島に本格的照葉樹林文化と呼ぶべき時期は縄文時代前期以降といわれるが，中部山地などはさらにその形成が遅れるといわれ，約 4,000 年前の年代を示している[20]。

花粉分析の成果が示すところにより，比較民族学側の提出している，照葉樹林帯のなかにおける文化発展段階の弱点である年代決定にも見通しを与えたことになる。またわれわれの問題にしている中部高地における植物生態は，縄文中期後半頃から照葉樹林の形成がはじまるようである。となると，中部高地の中期縄文文化の生活基盤は冷温

帯落葉広葉樹林（クルミ，ハシバミ，トチなど）と，暖温帯落葉広葉樹林（クリ，コナラ）の接点で，一部日だまりなどに照葉樹の進入がある景観とみられる。そこへまもなく気候の冷涼化がおそってくるが，「植物嗜食民」にとって，照葉樹林帯が必ずしも住みよくはなく，環境の変化は大きかったとみられる。

　藤森氏が最後に論述している「潤葉樹林文化」[21]または「雑木林文化」[21]とは，まさしくこの落葉広葉樹林の中の生活である。中部高地の縄文中期の文化は，照葉樹林前期複合段階（野生採集＝アクぬき技術＋半栽培）の前段に位置し，地域では北側に存在するものとみられ，いうならば，落葉広葉樹林文化後半段階といえよう。つまり安田氏の提唱した壮大な東アジアを含めての「ナラ林文化圏」に属する文化である。藤森中期農耕論はこの段階に一歩足をふみ入れ，模索していたことになる。

　縄文中期農耕論の更なる発展は，考古資料による理論の構築はもちろん，文化論の発展，さらにより一層の科学分野からの学際的協力を得る必要がある。つまり植物遺存体などの発見の精度を高め，植物学者の同定，灰像法，走査電子顕微鏡による同定，花粉分析による同定，C^{14} の測定，さらに人間の排泄物である糞石の分析も摂取食物の解明に役立つだろう。一方，東アジア全体のなかでの文化発展の研究も重要である。

註
1）藤森栄一「日本原始陸耕の諸問題」歴史評論，4—4，1950
　　　同「集落の構成」図説世界文化史大系，1960
　　　同「縄文中期農耕存否に関する新資料」日本考古学協会発表要旨，1961
　　　同「日本石器時代の諸問題」考古学研究，9—3，1963
　　　同「縄文中期文化の構成」考古学研究，9-4，1963
　　　同「縄文時代農耕論とその展開」考古学研究，10—2，1963
2）宮坂光昭「縄文中期における宗教的遺物の推移」信濃，17—5，1965
　　　同「縄文中期勝坂と加曽利E期の差」古代，44，1965
3）武藤雄六「中期縄文土器の蒸器」信濃，17—4，1965
　　　同「有孔鍔付土器の再検討」信濃，22—7，1970
4）桐原健「南信八ヶ岳山麓における縄文中期の集落構造」古代学研究，38，1964
　　　同「縄文中期にみられる室内祭祀の一姿相」古代

文化，21—3・4，1969
5）渡辺誠「縄文時代の植物質食物採集活動について」古代学，14，1969
6）藤森栄一『縄文農耕』学生社，1970
7）中尾佐助「半栽培という段階について」どるめん，13，1977
8）藤森栄一「縄文中期農耕肯定の現段階」古代文化，15—5，1965
9）藤森栄一「釣手土器論」月刊文化財，41—12，1966
　　　同「縄文人の生活」日本の誕生，1966
　　　同「顔面把手付土器論」月刊文化財，43—10，1968
　　　同「縄文の呪性」伝統と芸術，1969
　　　同「縄文の蛇」月刊文化財，46—8，1971
　　　同「乳棒状石斧論」一志茂樹先生喜寿記念論集，1971
10）藤森栄一「採集から栽培へ」日本文化の歴史，1969
11）諏訪シンポジウム「縄文の世界」1975年12月5日，東アジアの古代文化を考える会，中日新聞
12）宮坂光昭「阿久遺跡保存運動と地域主義」地域と創造，1978
13）松本豪「諏訪市荒神山遺跡出土の植物炭化物」長野県中央道発掘調査報告諏訪市，3，1974
　　　同「長野県諏訪郡原村大石遺跡で発見された炭化種子について」どるめん，13，1977
14）松谷暁子「長野県原村大石遺跡出土のタール状炭化種子の同定について」長野県中央道遺跡発掘報告原村，1，1981
　　　松本豪「長野県諏訪郡原村大石遺跡で発見された炭化種子について」同上
15）藤森栄一「日本原始陸耕の諸問題」歴史評論，4—4，1950
16）註10）に同じ
17）小林公明「石包丁の収穫技術」信濃，30—1，1977
　　　五味一郎「縄文時代早・前期の石匙―その農具としての成立」信濃，32—6，1980
18）中尾佐助『栽培植物と農耕の起源』岩波書店，1966
　　　同『農業起源論』中央公論社，1967
19）佐々木高明「農耕のはじまりをめぐって」歴史公論，3，1978
20）安田喜憲「照葉樹林の形成と縄文文化」どるめん，13，1977
　　　同「縄文文化成立期の自然環境」考古学研究，84，1975
　　　同『環境考古学事始』NHKブックス，1980
　　　塚田松雄『花粉は語る』岩波新書，1974
21）藤森栄一編著『井戸尻』長野県富士見町教育委員会，1970

縄文晩期農耕論

別府大学教授
賀川光夫
（かがわ・みつお）

　日本列島で農業が行なわれるようになったのはいつか，という問題を実証することはたいへんむずかしい。これには農業ということをあらかじめ決めておく必要がある。

　日本列島は常緑樹，落葉樹林におおわれていて，秋にドングリを採集して食糧としていたことは考えられ，それを実証する炭化したドングリが各地でみつかっている。そのうちのクリは主要な食品で，それを特定の場所で栽培していたとしてこれを農耕の始まりと考えることもできる。しかし，特定の地にクリを栽培していたことを具体的に実証することはまず不可能である。

　イモについてはどうであろう。球根類が豊かな日本列島において，ドングリと同じようにそれを加食することは古くから行なわれていた。民俗例や植物育種学の上から南方のイモ類（ヤムイモ，タロイモ）が栽培されるようになった，とみるむきもある。しかし，ヤマイモやサトイモが縄文時代に栽培されていたとする証拠をさがすことはクリ栽培を実証することにもましてむずかしい。そこで，農耕の起りはどのような植物の栽培を指せばよいか，とすることになるが，穀類を指すことがよいと思う。アワ，ヒエ，ムギ，トウモロコシなど，コメの他にも多数の穀類があるが，これまで考古学的に実証例の多いコメの栽培についてその起源を究明することに興味が集中している。「縄文晩期農耕論」は問題を提起した時点で「穀類の栽培」とくにコメの問題を中心として考えを述べてきた。

　「縄文晩期農耕論」は，穀類の栽培を晩期にしぼって，可能な実証例を求めた結果によって付せられた仮の課題であった。今日，周辺地帯とくに東アジア地域の考古学研究が進展して関係資料の充実がみられるようになると，さらに古い時代に栽培が行なわれていたとの意見がでてくる。筆者もそのような観点に立って実証例を確立しつつある。

1　日本周辺の農耕の始まり

　近年中国の考古学，とくに仰韶以前の土器の発掘が相つぎ，きわめて興味深い問題が提起されている。長江（揚子江）の南，江西省万年県仙人洞[1]では縄文土器に似た赤焼きの土器がみつかり，同じような土器は広西省桂林市甑皮岩遺跡[2]からもみつかっている。

　仙人洞では上，下層に分類され，下層には主に撚糸文を施文する土器が，上層では縄文を施文した土器がみつかっている。甑皮岩洞穴は同じく細かい撚糸文を主とした土器にまじって，少ないながら農業工具とみられる石杵などがみつかり，原始農耕が行なわれていた，と報告されている。仙人洞及び甑皮岩は C^{14} で8,000年前と計算され，ここに長江以南の農耕が始まる。

　華北では，河南省裴李崗遺跡[3,4]，河北省磁山遺跡[5,6]から素焼きの土器がみつかり，仰韶以前の文化とされている。これらの遺跡では箆点文，弧線箆点文が灰褐陶及び灰黒陶にまじってみつかっている。この箆点文は韓国西岸，岩寺洞遺跡の櫛目文土器によく似た土器で，類似土器をわが国であげれば曽畑式土器にあたる。裴李崗，磁山遺跡は C^{14} で8,000年と測定されている。

　裴李崗遺跡では石鎌が5点出土し，刃部は内湾

中国河南省裴李崗遺跡出土箆点文土器

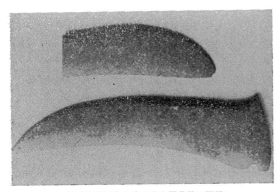

裴李崗遺跡出土篦点文土器共伴の石鎌

し，鋸歯をつくる。磨製で刃部の後端に着柄に必要な欠口がある。わが国の鉄製鋸歯の鎌に類似している。この石鎌に猪の土偶が共伴しており，農耕と家畜の関係をあらわすものとして注目されている。黄土地帯の裴李崗，磁山文化の農業はアワ作であろうと考えるので，華北でのアワ作は西安半坡遺跡などで代表される仰韶文化アワ作以前となり，8,000 年前に農耕が開始されたことになる。

華北のアワに対して，華中はコメの栽培と思われる。先の甑皮岩の原始農耕はコメと考えてよいが，水田において多少の灌漑を行ない，コメを生業としたのは浙江省河姆渡遺跡[7,8]である。ここでは夾炭黒陶をもちい，稲穂や猪の文様を刻入することでコメの栽培と家畜の存在を明らかにした。遺跡は杭列によって畔をつくり，水利を可能にした水田遺構が確認されている。

夾炭黒陶は黒皮陶ともよばれ，青蓮崗，良渚文化の硬質黒陶へと発展する。浙江省銭山漾遺跡[9]では河姆渡遺跡同様炭化したコメ（粳・秈）がみつかっている。銭山漾遺跡で硬質黒陶や粗硬陶とともに柱状挟入石斧（祖型）や三角形石器，磨製石鏃などが出土しているが，この組成は韓国南部の無文土器文化や，九州の夜臼式土器にみられる大陸系石器の祖型として注目される。

良渚文化につぐ湖熟文化には黒陶と印文陶がある。硬質の印文陶は特徴があり，それが韓国南部慶南道馬山市固城貝塚[10]よりみつかっている。この印文陶の発見で浙江一帯との交流が理解される。

韓国におけるコメ栽培では漢江流域の京畿道驪州郡占東面欣岩里遺跡がもっとも注目されている。この遺跡はソウル大学校金元龍教授の調査で，1978 年の報告[11]によると，コメの出土とその形質研究が細かく記録されている。遺跡から出土した土器は無文土器，紅陶で，石器には半月形石庖丁などがある。この年代測定は 12 号住居跡から採集された木炭を韓国原子力研究所において C[14] 測定した結果 3,210±70 B.P., 2,620±100 B.P. と記録され，日本の測定では 2,980±70 B.P., 2,920±70 B.P. を計測している。コメは精密投影機で検査し，短粒型，粳（日本型）として形質良好な 31 粒について計測値をだしている。その平均は長さ 3.72 mm，幅 2.23 mm と小粒の短粒形である。コメのほかオオムギ 2 粒，キビ・アワ 1 粒，モロコシキビ 1 粒などもみつかっている。

忠南道扶餘郡草村面松菊里遺跡[12]では土器に紅陶，石器では三角形石庖丁などがある。52 地区の長方形住居跡からみつかった木炭による C[14] 測定で 2,665±60 B.P., 2,565±90 B.P. の年代がでている。同 54 地区 1 号住居跡の床面には多量の炭化したコメがみつかり，コメの栽培が実証された。

欣岩里，松菊里などの無文土器時代にはコメ栽培が行なわれ，この他にも慶南道晋陽郡大坪面大坪里など出土例は増加している。一方，慶南道馬

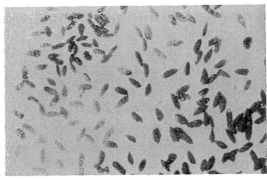

中国浙江省河姆渡遺跡出土の炭化米（上）と夾炭黒陶の稲穂文（下）

山市固城貝塚で赤色軟質土器 90％ に印文陶がみつかり，外洞城山貝塚からは下層に赤色軟質土器，上層に金海式土器が出土し，ここからコメがみつかっている。韓国で無文土器時代にコメが栽培されていたことは以上の研究で明らかであるが，コメのルートについて任孝宰教授は中国華南より黄海を経て直接渡来したものとの考えを述べている。韓国の穀類栽培は欣岩里などでみられるコメ以外にアワ，ヒエなどの雑穀を含めた畑作にも注目しなければならない。

さて最近，ピョンヤン市南京遺跡から穀類栽培の報告があった[13]。この青銅器時代の住居跡からはコメ，アワ，キビ，モロコシキビ，マメなどがみつかっている。土器の中には美松里型の壺があるが，これは明確に黒陶系統で，韓国南部から発見されるものと同系列とみてよい。朝鮮半島北部ではかつて智塔里遺跡で櫛目文土器とともにアワまたはヒエの発見が報告されていることもあって興味深い。朝鮮半島南部一帯では無文土器にはじまるコメの栽培が，青銅器時代にはやや北部にまで影響をのばしたことがわかる。紀元前 10 世紀内外のコメ栽培の時期は，日本の縄文時代晩期の初頭にあたる。

2　縄文後期農耕論の提言

中国大陸の篦点文土器は仰韶文化彩陶以前で，文様構成は朝鮮半島の櫛目文土器に似ていることが注目される。中国河南省裴李崗遺跡の農耕と朝鮮半島黄海道智塔里のアワ，ヒエの発見は，この土器の構成のうえで相似といえる。この場合の農耕は畑作で，アワまたはヒエであると思われる。このように中国，朝鮮半島では土器の発生と農耕の起源が同じ時代で対比されるような気配すらみえてきた。

一方，日本ではどうであろう。坂本経堯氏が熊本県玉名市古閑原遺跡で 1952 年阿高式土器とともに 8 粒のコメを発見している[14]。8 粒の平均は長さ 7.9 mm，幅 3.9 mm，比は 2.03 で粳型（短粒）とされている。また阿高式土器を出土する熊本県下益城郡城南町阿高貝塚からイノシシの土偶がみつかっている。このあたりが周辺地域との対比において今後注目していかなければならない問題となろう。

縄文時代の農耕は実証例が晩期に集中することで，この時代のコメの栽培を重視する。晩期に盛行した土器は黒色磨研土器である。晩期の黒色磨研土器は後期末の三万田式に祖型がみられるようであるが，直接的には御領式土器を頂点とする。この御領式土器は晩期につながる重要なものであって，これから晩期土器への影響が強い。御領式土器を出土する福岡県法華原遺跡から炭化したコメをみつけだしたのは金子文夫氏である。周辺の事情から考えて，この炭化したコメが後期末の御領式土器に共伴するものであるとして疑いあるまい。

さて，最近農耕の起源についての研究はこれを学際的に行なう方法がとられ，花粉分析などがもちいられている。そのうち土壌中のプラント・オパールの検出によって藤原宏志氏は興味深い研究を行なった。この検査においても後期農耕の源流が問題とされ，福岡市四箇東遺跡及び熊本県鍋田遺跡においてイネ機動細胞プラント・オパールが検出された，と報告している[15]。この遺跡はいずれも後期末三万田式土器を出すところで，四箇は低湿地域の微高地に包含されたほぼ単純な土器層で，土器中の底部にあたる土壌からの採集資料である。鍋田遺跡は 40 m の台地上にある住居床面の焼土からの検査で，これも資料として価値の高いものである。この 2 遺跡のプラント・オパールの検出は後期末のコメ栽培を証明したもので，これにより法華原遺跡のコメの遺体発見も生かされる。

四箇東遺跡は低湿地帯で，状況からみて原始的湿田とみられ，同じ福岡市板付遺跡などのように水利を生かし，管理された水田とは区別される。鍋田遺跡の場合は畑作のコメであろう。晩期の畑作によるコメの栽培は九州山脈中部の高地や雲仙岳周辺の丘陵地帯に集中することが多く，ここでの畑作については議論があった。しかし，鍋田遺跡でのプラント・オパールの検出は大分県大石遺跡，熊本県ワクド石遺跡，長崎県山ノ寺遺跡など，晩期Ⅰ・Ⅱ・Ⅲ式各期のコメ栽培を可能にした。さらに韓国慶南道大坪里の土器圧痕にも普遍して資料価値を高める結果となった。このように晩期コメ栽培の源流が後期に遡ることで穀類の栽培の起源を後期末葉とすることもできる。

後期農耕論については，筆者がたびたびその可能性を述べ，扁平石斧や打製石庖丁，打製石鎌などとともに黒色磨研土器など，石器や土器の組成から問題を提起した[16]。

73

3 縄文晩期農耕の諸相

晩期農耕については筆者が 1966 年以来[17]，その可能性を追求してきた。「農耕の起源」と題する問題は計り知れないほど大きな意味をもっていて，1 枚の原稿も慎重にならざるをえない。したがって一寸した間違いも許されそうにはなく，筆者の試論にも反論が続いて起った。そして 20 年近い歳月が流れ，おおかた晩期に農耕が存在したとする実証が各地で行なわれるようになった。

（1） 山ノ寺遺跡と大石遺跡の調査

1960 年，日本考古学協会は西北九州調査特別委員会を設置し，当時問題になりつつあった後期旧石器と縄文晩期（正しくは弥生以前）の問題に取りくんだ。後者は農耕の起源を暗黙のうちに主題としていたことは明らかで，杉原荘介教授による『日本農耕文化の生成』（日本考古学協会編，1961 年）もその上で理解される。調査は長崎県原山遺跡と山ノ寺遺跡が中心となり，支石墓の実態と生活遺跡の問題が追求された。とくに山ノ寺遺跡は，森貞次郎教授が刻目凸帯文土器を晩期の特徴とした重要な遺跡であった。森教授は 1958 年，九州考古学会で「所謂縄文晩期山ノ寺式土器」と題する研究発表を行ない，刻目凸帯文のあるカメ形土器の特徴を述べた。このカメ形土器には，黒く研磨された浅鉢形や織布圧痕土器などがともなうものとされた。山ノ寺式土器にコメの圧痕形がみられ注目されたが，それは九州大学農学部で検査されて発表された[18]。

山ノ寺遺跡は雲仙岳の東傾斜面にあり，土器包含地は傾斜が強く，この地でのコメの栽培は焼畑が適当であろうと思われる。コメが焼畑で栽培される例は九州山地での民俗例が多い。熊本県阿蘇郡西原村灰床では焼畑でシコクビエと陸稲を栽培していたのがつい先年までみられた。この地区は晩期土器にコメ圧痕をみつけたワクド石遺跡に近い。山ノ寺のコメについて江坂輝彌教授は周辺の谷での水稲としているが，これは興味深く示唆されるところが多い。東南アジア，とくにビルマ奥地の溪谷では部族は長屋に住み，その中央の一族は火種を絶やさず焼畑の入火もそれをもちいる。焼畑はコメを栽培するためであるが，種籾は同時に谷の湿地や傾斜地につくられた小水田にもまかれる。山ノ寺のコメの栽培には参考になる辺地農耕であり，江坂教授の考えは晩期農耕に生かされ

る。

大石遺跡は 1965，67 年に調査された。遺跡は九州の東部別府湾に注ぐ大野川流域の台地上に位置し，縄文晩期Ⅰ式土器をほぼ単純に出すところとして有名である。遺跡は平坦な独立丘で，四方は谷をもって他台地と対する。北側に湧水地があり，南側には十角川が流れる。台地の中央に 径 8m，深さ 3m に及ぶ竪穴があって，円形スタンドが造り出されている。竪穴の底部は 3m の円形ステージで，多分舞踊会をはじめ集会が行なわれたものとみられる。また周辺の柱穴の配列から竪穴を中心としてパオ状の住居が存在していたと考えられる。出土遺物は粗製の深鉢形土器（二重口縁に線刻がみられる）と，黒色磨研土器を主とした土器類で，石庖丁，石鎌，扁平石斧などが主であった。さらに硬玉の勾玉の発見もあり，土器や石器の組成がこれまでの縄文時代とは違っていた。

植物生態学者は現状の植生からして，遺跡には潜在植生がすべて失われており，これを放置すればススキなどの雑草が茂る状態だとして，反覆野焼が行なわれたとみられる，と報告している。大石遺跡で発見されたコメ形の土器圧痕は笠原安夫元岡山大学教授によってコメと確認されたが，野焼が反覆された状態は，焼畑を想定してよいと思われる。

山ノ寺，大石両遺跡はともに晩期の代表的遺跡であるが，コメの出土またはコメ形の土器圧痕はその後各地の遺跡からみつけだされている。山ノ寺遺跡についでこのコメ栽培を強力に実証したのは佐賀県唐津市菜畑遺跡である[19]。菜畑遺跡は山ノ寺遺跡のような原始的農法ではなく，東西に延びる水路及び両側に設けられた畦，北側畦畔によって仕切られた水田跡の検出によって，小規模ながら水田の経営が行なわれていたことが実証された。菜畑遺跡では山ノ寺遺跡に比べて晩期Ⅲ式土器の様子も一段と明らかになり，カメ形，浅鉢，壺，高杯などの組み合わせが明らかとなった。石器には石庖丁をはじめ，磨製石斧，扁平片刃石斧，磨製石鏃などがあり，磨製石器が目立つ。

（2） 夜臼式土器と板付遺跡

晩期初頭の土器編年については小池史哲氏の論文[20]がよくまとまっているが，晩期Ⅰ，Ⅱの編年に対応して晩期Ⅲの編年については山崎純男氏の論文[21] が注目される。

さて晩期終末のⅢ式文化は山ノ寺の刻目凸帯を

もつカメ形土器を特徴とするが，それは夜臼，板付1式と弥生土器の初期への道をたどる。山崎氏は，凸帯文土器の性質を地域の変化，器種構成，凸帯文それ自体の特徴など細部にわたり分類し，夜臼Ⅰ式，夜臼Ⅱa，Ⅱbと分類して板付Ⅰ式については夜臼ⅡaとⅡbの間に彩文土器の出現をもって位置づけている。そして板付遺跡G-7a，7b地区の調査から夜臼Ⅰ式土器の文化層で水田を観察できる，としている。この水田は矢板，板材で土留めをした土盛りの畦畔で区画され，水田の東端に水路と井堰，水田と用水路を結ぶ取排水口などが検出されたとして，整備された水田を実証した。山崎氏の夜臼Ⅰ式は編年的には晩期Ⅲ式の山ノ寺期を指したものと考えられ，整備された水田跡は板付期の水田と層位で観察されるとしている。

コメを栽培する技術は，島原半島の山ノ寺では焼畑と湿田の両者を併用し，およそ原始的な農法が想定される。さらに唐津平野の菜畑遺跡では畦畔をもちいる小規模灌漑水田としてやや高度な水田経営が行なわれていた。これに対して板付遺跡の夜臼Ⅰ式の水田は灌漑整備された水田であった。これを生産の面からみれば粗放，原始水田から管理された水田経営までがみられる。これはそのまま時代の変化と考えられればよいのであるが，年代的には同時代であって，生産方式の違いをどのように理解すればよいか，単純に地方の優劣差とのみではいえまい。地方差ということは大変便利である。しばしば土器の若干の違いを地方差で片付けることがある。土器にしても，生産の問題にしてもそう単純なものとは思われない。

（3） 縄文晩期土器の編年

考古学は編年の学問といわれている。層位がすべてに優先することは当然であるが，縄文時代の遺物を包含する土層はせいぜい2mにも満たない。その沖積土から約1万年間の層位を確認することは困難である。そこで土器の分類をもって層位的研究に変えることになるのである。土器の細かな分類は近年統計的に向上しつつある。そして標式土器を設定し，それに若干の相異があるものは地方差としておく[22]。ここで大切なことは，土器形式論が編年論と混同し，あらゆる問題に土器分類が優先してしまっていることである。

コメの栽培は韓国南部と北九州から始まり，そこから地方への派及が行なわれるとされる。この原則的な問題は土器論と一致すると解釈されている。コメの東への派及については伊勢湾沿岸に板付式土器の影響がみられるからであると説明し，伊勢湾沿岸には比較的早い時期に栽培が始められたと説明している。生産の問題を土器論で解決しようとする例である。

生産の問題を考える場合，地理的環境によってその地域の特徴がみられるので，土器は参考にすべきだという考えが一部にある。土器形式万能の考えに対する1つの問題提起として注意する必要があろう。筆者はかつて晩期土器の編年について，その特徴から3式に分類した[23]。この分類はそれぞれ地方的な特徴を重視するというより，重要遺跡の土器をそれぞれ特徴に応じて分類したものである。したがって地域的特殊性について問題があるはずであるが，おおかた基本的な点については網羅したつもりである。Ⅰ式～Ⅲ式の中で大きく訂正を要するところは今のところ見い出せないので，一部を地域の特徴によって検討すればよい。したがって地方差として分類整理のやり直しの必要もあるまいと思っている。そこで前述の晩期Ⅰ，Ⅱ式の分類を福岡県広田遺跡で細論した小池史哲氏や，Ⅲ式の細分を主として福岡県早良平野に限って論考した山崎純男氏の論文などは評価してよい。

3式に分類してそれぞれの土器を基準に生産の問題をみてみると，大分県大石遺跡が晩期Ⅰ式にあたり，コメの圧痕がみられる。また熊本県ワクド石遺跡は晩期Ⅱ式で，これにもコメの圧痕形がみられる。同じく熊本県古閑原遺跡も晩期Ⅱ式でコメ圧痕がみられる。炭化したコメがみつかったのは熊本市上ノ原遺跡である。

これらのコメ圧痕土器を出土した遺跡は山岳や台地で，水田によるコメとは認められない。そのいずれも畑作によって栽培されたコメで，その農法は焼畑であろう。石斧で森林を切り開き，入火して扁平石斧で耕作し，石庖丁や石鎌で収穫する方法がとられた。この方式は朝鮮半島の火田や現在の東南アジア辺地の焼畑でよくみかける方法である。晩期Ⅰ，Ⅱ式土器にともなう石器の中では石鏃が減少する傾向をみるが，狩猟から農耕への急速な変化を示すものではあるまいか。

晩期Ⅲ式の農法に湿田と灌漑農法がみられるのは山ノ寺，菜畑，板付などで明らかである。刻目凸帯文のカメ形土器と黒色磨研による浅鉢形のほ

か壺形や高杯がみられ，Ⅰ，Ⅱ式と違った土器の組み合せをみる。石器としては太形蛤刃石斧や柱状挟入石斧，三角形石庖丁などにまじって片刃石ノミが目立つ。この石器組成からみて大陸系石器の発達がよくわかる。Ⅲ式土器の盛行期，とくに板付期の水田があまりにも整備されていたように報告されているが，もう少し初期的な湿田であったとは考えられないだろうか。現時点での水田の構想は周辺地域，東南アジアの水田にも例がなく，日本の歴史時代にも例がない。ましてや縄文時代には例がないものと考えたいがどうであろうか。もし完備された農法が晩期に存在したとしたら，歴史学者や農学者の納得のいく説明が必要である。この点今後の問題として検討してもらいたい。

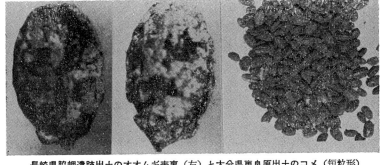

長崎県脇岬遺跡出土のオオムギ表裏（左）と大分県恵良原出土のコメ（短粒形）

4 おわりに

縄文晩期農耕は，晩期土器Ⅰ式，Ⅱ式，Ⅲ式の変化とともにある程度の具体性を見出すことになった。そしてⅠ式土器，Ⅱ式土器の黒色磨研土器の盛行期には焼畑とみられる地域での遺跡が多く調査されている。これに対してⅢ式土器をだす遺跡では生産方式は違い，湿田，水田の様子がうかがえる。このように今日の九州地方では晩期農耕は否定しえないところまできている。そして福岡市四箇東遺跡や熊本県鍋田遺跡ではプラント・オパールの検査でコメがみつかり，福岡県法華原遺跡の炭化したコメとともに後期末葉の農耕の存在も重視せねばならぬ状態となった。

コメを栽培する技術は石器によっても充分な研究ができる。石庖丁をはじめとする大陸系の石器が晩期に盛行することは注目すべきであるが，この石器の源流を調べることがコメの道を決定することになる。中国良渚文化の石器の組成に注目すべきだという点を述べてこの問題は稿を改める。

コメ以外の栽培もまた重要で，長崎県脇岬遺跡での晩期Ⅲ式土器とともにみつかったオオムギなどは短粒型（粳）のコメとともに重要である。今後はアワ，ヒエの問題を重視して晩期農耕の実相を考察する必要がある。

註
1) 江西省文物管理委員会「江西省万年県大源仙人洞遺址試掘」考古学報，1963—1
2) 広西壮族自治区文物工作隊・桂林市革命委員会「広西桂林甑皮岩洞穴遺址的試掘」考古，1976—3
3) 河南省開封地区文物管理委員会編『裴李崗文化』1976
4) 李友謀・陳旭「試論裴李崗文化」考古，1979—4
5) 安志敏「裴李崗，磁山和仰韶」考古，1979—4
6) 邯鄲市文物管理局・邯鄲地区磁山考古隊短訓班「河北磁山新石器遺址試掘」考古，1977—6
7) 浙江省文物管理委員会・浙江省博物館「河姆渡遺趾第一期発掘報告」考古学報，1978—1
8) 河姆渡遺趾考古隊「浙江省河姆渡遺趾第二期発掘的主要収穫」文物，1980—5
9) 浙江省文物管理委員会「呉興銭山漾遺趾第一，二次発掘報告」考古学報，1960—2
10) 金元龍「慶南馬山市外洞城山貝塚」「慶南固城東外洞貝塚」韓国考古学年報 2，1974
11) ソウル大学校博物館編『欣岩里住居址』4，1978
12) 国立中央博物館『松菊里』1，1978
13) 中山清隆「平壌市南京遺跡の発掘成果」考古学ジャーナル，197，1981 および『朝鮮画報』1982—2
14) 坂本経堯ほか「古閑原貝塚調査抄報」熊本県文化財調査報告書，6，1952
15) 藤原宏志「古代における栽培植物および利用植物の残存遺物に関する研究」自然科学の手法による遺跡，古文化財等の研究，1977
16) 賀川光夫「縄文後期磨消縄文Ⅲ式の文化」古代学研究，57，1970
17) 賀川光夫「縄文時代の農耕」考古学ジャーナル，2，1966
18) 森貞次郎・岡崎敬「縄文晩期及び弥生式初期出土の土器上の籾および炭化籾の計測表」九州考古学，15，1962
19) 中島直幸「菜畑遺跡」末盧国，1982
20) 小池史哲「福岡県二丈町広田遺跡の縄文土器」森貞次郎博士古稀記念古文化論集，1982
21) 山崎純男「弥生文化成立期における土器の編年的研究」鏡山猛先生古稀記念古文化論攷，1981
22) 山崎純男・島津義昭「晩期の土器」縄文文化の研究，4，1981
23) 賀川光夫「晩期の様相と研究史—九州」新版考古学講座，3，1969

弥生時代前期の水田跡（水路、畔、矢板列）　手前には畔畔に打ち込まれた矢板列、奥の方には水路・堰に打ち込まれた矢板列がみえる。

縄文晩期後半の水田跡 唐津市菜畑遺跡

都市計画街路事業に伴う確認調査によって昭和54年12月に発見された佐賀県唐津市の菜畑遺跡で、縄文時代晩期後半の水田跡や炭化米、農工具などが発見され、これまで不明な点の多かった縄文時代の農耕文化の研究に多くの重要な成果をもたらした。遺跡は唐津湾の奥に位置し、砂丘を見下ろす丘陵の先端部にある。

構　成／中島直幸
写真提供／唐津市教育委員会

山ノ寺式の壺（縄文晩期後半）
底部は丸底を呈し、縦方向の
ヘラ磨きを併用している。

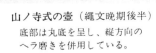

波状口縁の浅鉢（縄文晩期後半）
口縁部は側面で山形を呈し、
平面形は方形をなす。

唐津市菜畑遺跡

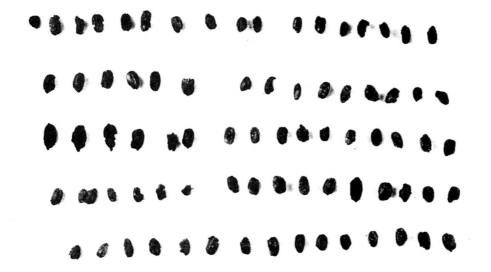

縄文晩期後半の炭化米
250粒が出土しており、平均長4.73mm、幅2.76mm、長幅比は1.71であり、すべてがジャポニカ種に属する。

縄文晩期後半の石包丁
外湾刃は半月形を呈し、磨切りによる溝状の穿孔が特徴的である。

縄文晩期終末のえぶり
中央に柄を挿入する円孔と、側辺にこれを補助する方形の孔を有する。材質はクス。

縄文晩期終末の諸手鍬
両端に刃部をもち、柄はほぼ直角に付く。材質はカシ。

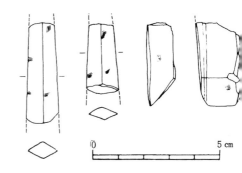

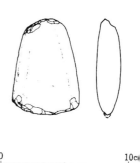

縄文晩期後半の石器類

先土器時代の集落址 府中市武蔵台遺跡

第IV層第1ユニット全景

第X層調査状況

第X層遺物出土状態

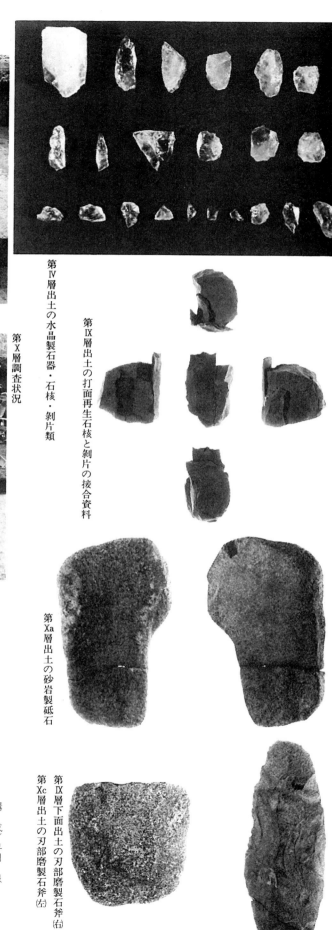

第IV層出土の水晶製石器・石核・剥片類

第IX層出土の打面再生石核と剥片の接合資料

第Xa層出土の砂岩製砥石

第IX層下面出土の刃部磨製石斧 (右)
第Xc層出土の刃部磨製石斧 (左)

構成／早川　泉
写真提供／府中病院内遺跡調査会

府中市武蔵台遺跡層位別出土石器

● 最近の発掘から

縄文晩期後半の水田跡——佐賀県唐津市菜畑遺跡

中島直幸 唐津市教育委員会

佐賀県唐津市菜畑遺跡[1] の調査は縄文時代晩期後半の水田跡・炭化米・農工具を発見し，それまで不明の点が多かった縄文時代晩期の農耕文化の研究に多大な成果をもたらした。すなわち福岡市板付遺跡の縄文晩期終末の水田跡より明らかに100年以上さかのぼることが確認された。

遺跡は唐津市菜畑字松円寺に所在し，昭和55年12月より延べ9ヵ月間調査が行なわれた。遺跡は唐津湾の奥に位置し，砂丘[2] を見下ろす丘陵の先端部にある。

調査区は丘陵端より谷中央部までの幅14m，長さ50mの約700m²である。現水田面の標高は6m，縄文晩期のそれは約2mである。層位は地表から基盤までの17層が確認され，弥生時代中期（7層上，城ノ越式～須玖式），同前期中頃～後半（7層下，板付Ⅱ式），同前期初頭（8層上，板付Ⅰ式と夜臼式），縄文時代晩期終末（8層下，夜臼式単純），同晩期後半（9～12層，山ノ寺式），同晩期中頃～同中期（13層，黒川式～阿高式），同前期（14～16層，曽畑式・轟式）の各文化層が検出された。

1 最古の水田跡・農工具

昭和56年2月，丘陵端部より低地にかかる部分に堆積した遺物包含層（第9層，縄文時代晩期後半）より特異な穿孔をした石包丁が発見され，その後磨製石鏃・磨製石斧・扁平片刃石斧・壺形土器・炭化米が続いて検出された。8月には低地東南部に水田跡（水路・畦畔・水田）が発見された。こうして縄文時代晩期後半の時期にすでに水田耕作を行なっていたことが明らかとなった。

縄文時代晩期後半の時期の遺構としては水田遺構の他に丘陵部分に柱穴（住居跡），丘陵端部に矢板列がある。遺物包含層は丘陵と低地の中間地帯に厚く形成されていた。水田跡は水路の南北に幅4m，長さ7m以上のものが4枚以上[3]あったと考えられる。水路は幅0.6～1.3m，深さ0.3～0.5m，延長約13m，畦畔は幅0.3～0.5m，高さ0.2mである。農工具としては石包丁2（外湾刃半月形で磨切り技法による溝状の穿孔を有すもの），磨製石斧（扁平で平面やや バチ形を呈する），扁平片刃石斧や石斧木柄2が出土している。このほかに磨製石鏃・漆器（容器）がある。土器では深鉢・鉢・浅鉢などの縄文晩期の伝統的なものと壺・甕・高坏・蓋などの弥生時代の特徴的な器種が相半ばして出土している。この中には

土器の底部付近に平織りの布目痕を有するものがあり，同時期の紡錘車の出土と相まって織布技術の存在を予想させる。刻目凸帯文を施した甕では刻目を施した原体は指を主体とし棒状工具・二枚貝が多く，ヘラは少ない。長崎県山ノ寺遺跡（B地点）を標式とする山ノ寺式土器に属する。

次の晩期終末の時期になると水田・農工具とも数多く検出されている。すなわち水田跡は調査区東西域に南北に5枚，東西に3枚並んでいたと考えられ，規模は南北3～4m，東西2～3.5m以上である。畦畔5ヵ所，水路2ヵ所が発見されている。農具としては木製諸手鍬3，えぶり2，石包丁4がある。諸手鍬は全長30.8cm，身幅14.5cmである。えぶりは全長35.6cm，幅16.8cmである。工具としては挟入石斧・石ノミが新たに加わる。その他には「弓形」の半弓（全長78.5cm）がある。土器では縄文晩期の伝統的な深鉢・鉢・浅鉢の比率は少なくなり，代わって壺・甕・高坏・蓋（弥生的なセット）が多数を占める。刻目凸帯を有する甕では刻目を施す原体はヘラが多数を占める。福岡県夜臼遺跡を標式とする夜臼式のうち，板付Ⅰ式を伴わない夜臼式単純形式である。

弥生時代前期初頭では水田は低地のほぼ全域に広がり，その中央には多数の矢板を打ち込んだ大型の水路（幅3m以上）・堰が造られていた。水田の規模は東西6～11.5m，南北5.5～8.5m，面積33～98m²であり，4枚以上である。丘陵部には7棟の住居跡が存在し，丘陵端部には壺棺・土壙墓（いずれも幼児埋葬）が発見された。農具としては諸手鍬・竪杵・石包丁・石鎌がある。竪杵は全長154.5cm，石鎌も現長7.1cmを測る。他にチキリ・石斧柄・多数の大陸系磨製石器を出土する。イノシシ下顎3体を棒で串刺しにしたものなどもある。土器では弥生式土器である板付Ⅰ式と夜臼式（夜臼単純形式より1段階形式変化をとげたもの）とが共伴する。板付Ⅰ式は壺・甕・高坏・蓋をセットとするが，とくに壺・甕については夜臼式とは形態変化が大きい。彩文を施すものは壺・高坏に多い。

弥生前期後半では低地はくまなく水田化され全体の規模は東西6.5～9m，南北3～7.5m，面積20～68m²となる。農具では新たに馬鍬（全長75.3cm，未製品），工具では太型蛤刃石斧を加える。弥生中期では組み合せ式鋤も発見されている。

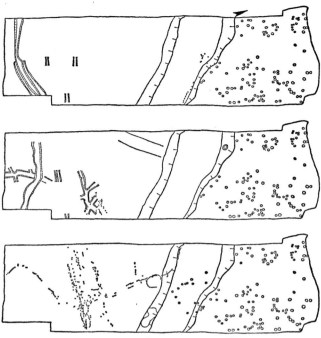

縄文時代晩期〜弥生時代前期の水田配置図
上から縄文晩期後半, 晩期終末, 弥生前期初頭の水田跡

2 調査によって得られた成果

菜畑9〜12層の縄文晩期後半では炭化米250粒・石包丁・水田を検出し, 水稲耕作の歴史をさらにさかのぼらせた訳であるが, 実年代的には晩期終末とどのくらいの差があるだろうか。菜畑10–11層のC^{14}測定は理化学研究所(高知大学中村純氏のご協力による)にお願いし2,680±80 BP (699±80 BC) [N-4230]の値を得ている。参考までに唐津市宇木汲田遺跡のC^{14}測定値は岡崎敬氏[4]によれば縄文晩期夜臼式(夜臼式単純と考えられる——筆者)の層は2,370±50 BP (420±50 BC) [KURI-0053], 弥生前期板付Ⅰ式の層は2,240±50 BP (290±50 BC) [KURI-0054]とある。また土器の様式にも大きな違いも指摘することができ, 短くても100年長ければ250年の開きが考えられる。

また菜畑では9〜12層では米だけでなくアワが検出されており, 伝来当初より水稲と雑穀(陸稲を含む)が一体となっていた可能性も大きい。それは山ノ寺式土器が菜畑遺跡などの海岸に近い平野部に位置するものと, 長崎県山ノ寺遺跡などのように高原地帯に立地するものの両者があること[5]の説明ともなる。山ノ寺式土器は平野部では水稲, 高原部では陸稲・雑穀栽培の間接的証拠とも成り得ると予想したい。現在までのところ山ノ寺式土器は菜畑遺跡で深鉢・鉢・浅鉢・壺・甕・高坏・蓋のセットが確認されているが他の遺跡ではまだ不明の点が多い。山ノ寺遺跡(B地点[6])では深鉢・浅鉢・甕・壺, 同じ長崎県の朝日山遺跡[7]では深鉢・浅鉢・甕・壺, 熊本県上南部遺跡[8]では深鉢・浅鉢・甕, 大分県下黒野遺跡[9]で壺, 福岡県長行遺跡[10]では甕・浅鉢・深鉢, その他では佐賀県下で, 支石墓の供献土器として壺, 福岡県板付遺跡でも断片的に出土している。現在の予想では遺跡の立地から山ノ寺式土器のセットがそろい(とくに壺), 大陸系磨製石器・炭化米が出土する水稲耕作の可能性があるのは福岡, 佐賀の玄海灘沿岸(とくに唐津, 糸島, 福岡の各平野部)と有明海沿岸(佐賀平野, 筑後平野)である。反対に高原地帯に遺跡が立地する長崎, 熊本, 大分などは陸稲及び雑穀栽培を予想したい。菜畑では山ノ寺式期を通じて大陸より移入された可能性のある遺物は土器・石器をとわず多く見ても数パーセントであり, 弥生前期の福岡市諸岡遺跡や佐賀県土生遺跡の例の如く数十パーセントを占めるものとは区別され, 人的移動はごくわずかなものを予想出来るだけである。また, 弥生前期に発見されたイノシシを棒で串刺しにした例は回りに彩文土器あるいは漆器を伴出しており, 他の遺跡でのあり方[11]を考えるとむしろ農耕祭祀であったと考えられる。また牛の出土[12]は牛耕の可能性をも考えさせるものである。

註

1) 昭和54年12月発見。中島直幸「菜畑遺跡」末盧国, 1982に詳細を報告。
2) 方格規矩鏡や巴形銅器などを出土した桜馬場遺跡は菜畑遺跡の北東200mの砂丘上に位置している。
3) 区画が明確なもの2枚, それぞれの南北に1枚ずつが調査区外へ続いている。
4) 岡崎敬ほか「宇木汲田貝塚」末盧国, 1982
5) 岡崎敬氏は水稲を行なう菜畑遺跡とそうでない山ノ寺遺跡を同一の山ノ寺式土器という呼称にすることに疑問を投げられたことがある。
6) 日本考古学協会西北九州特別調査委員会調査。B地点の調査責任者である乙益重隆氏によって国学院大学に保管されている。
7) 藤田和裕・安楽勉ほか「朝日山遺跡」小浜町文化財調査報告書, 1, 1981
8) 富田紘一「上南部A地点発掘報告」熊本市埋蔵文化財調査報告, 1979
9) 清水宗俊ほか「下黒野遺跡」大分県文化財報告, 1974
10) 北九州教育文化事業団埋蔵文化財整理室で報告書準備中。同事業団の山口氏にご教示をたまわった。
11) 奈良県唐古遺跡などが有名であるが, いずれも稲作文化開始期の時期に多く, 彩文土器を出土する場合が多い。
12) 左右の角のみ出土。詳細は報告書にゆずる。

● 最近の発掘から

先土器時代の集落址——東京都府中市武蔵台遺跡

早川　泉　東京都教育委員会

武蔵台遺跡の調査は，都立府中病院外来棟建設工事に伴って，1981 年 5 月 25 日から翌年の 6 月 30 日まで，府中病院内遺跡調査会（団長・坂詰秀一）によって実施されたものである。

検出された遺跡は，奈良・平安時代，縄文時代，先土器時代に跨る重層遺跡であったが，現地調査終了後まだ間もない段階であり，すべてのデータが処理された状態に至っていない。ここでは立川ローム最古の文化層から多くの資料を検出した先土器時代のみを取り上げ，その概要を報告する。

1　遺跡の立地と周辺遺跡

武蔵野台地の武蔵野面と立川面の境をなす国分寺崖線が，小金井市方面から武蔵村山市方面に大きく回り込む屈曲点に位置し，微地形的には，ノッチと呼ばれる小さな谷を取り囲むように存在する。崖下には湧水も多い。

府中市武蔵台 2 丁目 9 番 2 号に所在し，いわゆる野川流域遺跡群の中で，最深部に位置する遺跡の 1 つである。近隣には，西 700ｍに国分寺市多摩蘭坂遺跡，北に小平市鈴木遺跡，東に小金井市はけうえ遺跡，西之台遺跡など武蔵野台地最古の遺跡が連綿としている。

2　層位とその問題

武蔵野台地の層位は，1969 年に調査された野川遺跡の層位を基本として取り扱われることが一般的となっている[1]。

本遺跡も，基本的にはそれに準じているが，Ⅷ層あるいはⅩ層以下の取り扱いについて，いくつかの問題もあり，今後土壌学の研究者との検討をへて煮詰めていきたいと思っている。

第Ⅰa・Ⅰb 層は，奈良・平安時代の遺物を包含する。第Ⅱ層は，いわゆるローム漸移層で縄文時代の包含層である。第Ⅲ層は，ソフトロームと通称される層である。第Ⅳ層は，ハードロームと呼ばれ，この層から硬質のローム層となる。

第Ⅴ層は，立川ローム第 1 黒色帯にあたる。第Ⅵa 層は，明褐色ローム層で始良丹沢火山灰（ＡＴ）が堆積している。第Ⅵb 層は，Ⅵa 層と同様の岩相をしているが，Ⅶ層との不整合によって暗褐色に近い色調となっている。第Ⅶ層，立川ローム第 2 黒色帯がこの層から始ま

る。第Ⅷ層は，かなりブロック状になるが，ほぼ同一面に分布する。第Ⅸ層は，暗褐色ロームである。第Ⅹa 層は，明黄褐色ローム層で平坦部ではブロック状になっているところもあるが，崖線に近い傾斜面では安定した層になる。第Ⅹb 層は，Ⅹa 層と比べるとかなり暗い色調であり，イモ石を含むようになる。第Ⅹc 層はイモ石を最も多く含む層である。第Ⅺ層は，褐色ローム層で，全体的に砂質の感じが認められる。第Ⅻ層は，さらに砂質が強くなる。この層から下層は武蔵野ローム層に対比されるものと思われる。

ここでの層位の特徴は，2 枚の黒色帯が非常に明瞭であること，各層が安定し，かなりの層厚を有している点にある。

第二黒色帯の問題では，Ⅷ層のあり方について，本遺跡ではその存在を確認したが，Ⅶ層とⅨ層との関係では，武蔵野公園遺跡と野川遺跡のどちらの層位に準ずるのか明確ではない[2]。前者とすると，本遺跡でⅥb 層とした黒味の強い暗褐色ロームがⅦ層となり，Ⅶ層がⅨa 層，Ⅸ層がⅨb 層となる。野川流域の遺跡では，このⅥb 層をⅦ層として捉えているとのことである[3]が，ここでのⅥa 層とⅥb 層の違いは，色調の差だけであり，可視的には土壌構成物は同様と見られる。

第Ⅹ層は，野川遺跡以来，黄褐色ローム層として 1 枚の同質層に見られており，その後の多くの遺跡でも同様な見方がなされてきた[4]。しかし近年前原遺跡の調査，さらにはけうえ遺跡の調査では，中間に暗い色調の層を認識し上下 3 枚の層に分割した[5]。

本遺跡でも同様に 3 分割することが可能であり，可視的にもかなり明瞭である。現場調査の段階では，Ⅹ・Ⅺ・Ⅻとして独立した層としていたが，Ⅹ層文化として，すでに一般に定着した包含層であるので，混乱を防ぐ意味で，あえて Ⅹa・b・c 層とし，はけうえ遺跡の名称を継承した。

3　遺物と文化層

本遺跡では，先土器時代だけで 7 枚の文化層が確認され，発見された遺物も総数 5,000 点近くにもなり，中でもⅨ層・Ⅹ層だけで 3,000 点もの遺物が出土している。

第Ⅹb・c 層よりは，チョッパー，チョピングトゥール，刃部磨製石斧などの大形石器とベック，スクレイパ

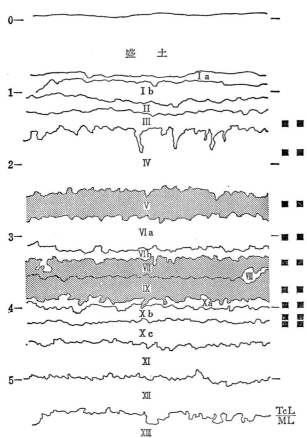

武蔵台遺跡基本層序（▨▨は石器出土層を示す）

ーなどの小形石器があり，チャート，メノウ，砂岩，粘板岩などの石材が使用されている。遺構としては，石斧製作址を思わせる配石，炭化物の集中した土壙などが検出された。

　第Xa・IX層からは，チョピングトゥール，ハンマー，刃部磨製石斧，砥石，スクレイパー，楔形石器，ナイフ形石器などが出土した。また，石材には黒曜石が多用されており，磨痕のある直刃斧など他に類を見ない石器を製作している。これは，砂岩製の砥石とともに該期文化層の内容を充実させるものである。

　第VII層から第V層にかけては，遺物出土数は激減するが，各層から少量ずつのナイフ形石器，スクレイパーなどの石器が出土している。

　第VII層は，チャート，安山岩，黒曜石，頁岩，砂岩など石材の種類が豊富である。第VI層からは，初めて小礫群が1カ所出現する。第V層には，礫群が2カ所と定形化したエンドスクレイパーが1点出土している。

　第IV層は，調査区南西隅から1ユニット分集中して出土したもので，1,000点以上の遺物が発見された。ナイフ形石器の最も顕著な文化層で，他にスクレイパー，石錘，ポイント，角錐状石器などがあり，石材も豊富で，黒曜石，チャート，頁岩，水晶などが見られる。とくに水晶製のナイフ形石器，石核，剝片類は20点近くにもなり，黒曜石の団塊とともに，甲州や中部地域との関連を探る上で興味深い。III層はわずか数点の剝片類が出土しただけである。

4 おわりに

　武蔵野台地第X層の文化は，西之台遺跡B地点および中山谷遺跡の第X層を標式文化層としているが，遺物数も少なく，今1つ内容が明らかでない[6]。

　本遺跡のXb・c層出土の石器群は，その様相ならびに出土層位からすると，キーリ，小田静夫が体系づけた時期区分による第Ia亜文化期に属するものと思われる。

　自然面をそのまま打面とする剝片剝離技法，大形石器と小形石器のあり方，縦長剝片が認められない点など，該期文化と同じ様相を示している点が多いが，刃部磨製石斧の存在，石核と剝片の接合資料による剝片剝離技法の復元，刃部磨製石斧同士の接合による石斧再生過程の復元など，不明瞭だった該期の内容を明らかにすることが可能になった。また，石器製作址，炭化物集中土壙の存在は，本遺跡が単なるキャンプサイトではなく，拠点的な集落であったことを示している。

　さらに本遺跡最下層の文化は，第Xc層から発見されており，西之台遺跡B地点X中層よりも，層位的にさらに古く遡る石器群となる可能性が強く，今後の整理分析を慎重に進めていきたい。

　なお，本稿作成にあたっては，横山祐平・河内公夫・武笠多恵子氏の援助を受けた。記して深謝したい。

註
1) 小林達雄・小田静夫・羽鳥謙三・鈴木正男「野川先土器遺跡の研究」第四紀研究，10―4，1971
2) 小田静夫・C.T.キーリ『武蔵野公園遺跡I』1973
3) 武蔵野公園遺跡，西之台遺跡，中山谷遺跡など一連の野川流域遺跡の発掘調査に携わってこられた実川順一氏のご教示をえた。
4) 小田静夫・伊藤富治夫・C.T.キーリー・重住豊編『高井戸東遺跡』高井戸東遺跡調査会，1977
5) 小田静夫・伊藤富治夫・C.T.キーリー編『前原遺跡』前原遺跡調査会，1976
　　阿部祥人・中津由紀子・伊藤富治夫編『はけうえ』はけうえ遺跡調査会，1978
6) 小田静夫編『西之台遺跡B地点』東京都埋蔵文化財調査報告，7，1980
　　J.E.キダー・小田静夫編『中山谷遺跡』中山谷遺跡調査会，1975

連載講座
古墳時代史
1 古墳の出現

県立橿原考古学研究所研究部長
石野博信

● 古墳時代とは ●

　古墳時代とは、古墳が築造されていた時代である。それでは、古墳とは何か。古墳とは古代の墓である。それでは、古墳時代とは、墓がつくられていた時代のことなのか。墓は旧石器時代以来つくられ続けており、単に墓があるというだけで時代の徴象になりうるものではない。

　改めて問う、古墳時代とは何か。墓が単なる埋葬の場にとどまらず、墓において王権継承儀礼が執行されていた時代のことである、という。それでは、墓地で王権継承儀礼が執行されていたことが何故わかるのか。弥生時代や奈良時代の墓地で王権継承儀礼が執行されていなかった、と何故いえるのか。

　弥生時代には、無区画の集団墓や方形周溝墓や再葬墓群が知られている。とくに、方形周溝墓は、墓のまわりに溝をめぐらし、封土を築くという点で「古墳」的であり、墓地での儀礼も行なわれている。古墳時代を通じて認められる直径10m前後の小規模古墳と何ら異なるところはない。それにもかかわらず、方形周溝墓を古墳とよばないのは何故か。方形周溝墓は、普通十数mの大きさであり、とびぬけて大きいものはなく、さらに多くの場合群集している。古墳には、とびぬけて大きく、単独でつくられるものがある。仮りに、方形周溝墓で王権継承儀礼が行なわれたとすれば、その群集性の故に、あまりにも多くの王がおりすぎることになり、また仮りにとくに顕著ではなくても、その中の特定墓が王墓であったとすると、王は一般構成員と共にとくに区別されることなく葬られていることとなり傑出性が認められない。なるほど、北部九州の甕棺墓には、鏡などの多くの財宝をもつ墓が存在する。しかし、これとても集団墓地の中に埋もれ、埋葬後の傑出性は認められない。つまり、弥生墓の中から、いまの県単位の範囲を支配したと思われる王墓を見出すことは難しい。

　奈良時代には、のちの殿上人に相当する位階をうけていた太安萬侶墓でさえ、直径4.5mの低い盛土の下の一辺2mの墓壙の中に葬られていたように、墓は墓であり権威を象徴する場ではなくなっていた。記紀によれば、もはや皇位継承儀礼は宮庭で行なわれていたのである。

　日本史上、墓地において王権継承儀礼を行ない、墓を権威の象徴とした時代は他にない。ここに、古墳時代が1つの時代区分としていま存在し得ている基盤がある。

　しかし、古墳時代という時代区分は将来とも存立しうるであろうか。単に王権継承儀礼の場が墓地であった、という程度の時代徴象で日本史上の一時代を画しうるのであろうか。生産基盤は、弥生時代以来の農業にあり、とくに変わるところはない。方形墓という規格性をもった墓は、弥生時代前期末以降、日本列島の各地域に拡まっている。古墳時代という時代区分は、世界一といわれるあまりにも巨大な前方後円墳に目を奪われた日本考古学史上の偉大なる誤算であり、時代区分論としては、弥生時代と古墳時代を1つの時代として認識しうる日が来るのかもしれない。

● 相対編年と暦年代 ●

　古墳時代の時期区分は、前期・中期・後期の3時期区分と、前期・後期の2時期区分が行なわれている。後者は、前者の前・中期を1つとし、古墳時代を前半期と後半期に大きく区分する。その

85

根拠の1つは，前半期の古墳が支配者階級のものであるのに対し，後半期には造墓主体が被支配階級に拡大しているという点にある[1]。このことは，歴史の流れとしては一面正当であり，従うべき時期区分ではあるけれども，いまや前I・II期にすでに小規模古墳による古墳群が数多く知られている現時点では一概にいい切ることは難しい。中期古墳の時期が，大きくは前半期に含まれることは正しいとしても，「巨大古墳の世紀」とよばれるほどの発展期として，また，前期に比して，武器・武具の多量副葬が認められるという点で慣例として使い続けられている。以下，本シリーズでは3時期区分で記述する。

　古墳時代の暦年代比定は，従来主としてつぎのことを根拠としていた[2]。

　①　舶載鏡（漢式鏡・三国鏡など）の一部は伝世し，三国代以降に古墳への副葬がはじまった。したがって，前期古墳の開始は三国代をさかのぼることはない。

　②　「仁徳天皇陵」の被葬者は，讃＝仁徳天皇である。

　③　「檜前大内陵」の被葬者は，天武・持統天皇である。

　③については，高松塚古墳の発見以降，終末期古墳の研究が進展し，その蓋然性が強まっているけれども，①・②については異論がある。

　伝世鏡の根拠とされている"手づれ"は，手づれではなく鏡鋳造のときの"湯冷え"であるという指摘がある[3]。また，無理に鏡の伝世を考えなくても弥生時代の北部九州において，中期甕棺には前漢鏡，後期甕棺には後漢鏡が副葬されているように，舶載鏡はさほど時間を経ずに古墳に副葬されていたのではないか。例えば，椿井大塚山古墳をはじめ前期古墳出土鏡の多くは三国代であり，巨視的には弥生時代以来の土器と鏡の対応関係が継続しているとみることができる。つまり，北部九州の弥生時代副葬鏡を洛陽焼溝漢墓の鏡式と対応させて暦年代を考定すれば，弥生時代後期

表 1　出　現　期

地域／時期	九　州	山　陽	山　陰	四　国	近
纒向1式		楯築 9↑　黒宮大塚 9	西桂見　仲仙寺9号 9		見田大沢1号
纒向2式（庄内1式）	祇園山 ●?　妙法寺	都月2号 9		萩原	養久山5号　西条52号　横山1号　見田大沢4号 ●9↑　大王山
纒向3式（庄内2式）	豊前赤塚 ▲9↑△　神蔵 ▲↑△	総社宮山 ●9↑↑　矢谷 9	寺床 ▲9↑　▲9　造山3号	唐子台15号 ↑　石清尾山猫塚 ●↑↑△	天王山4号 ●9↑△　周遍寺山1号
纒向4式（布留1式）	豊前石塚山 ↑↑	備前車塚 ▲●↑△↑　馬山4号 ▲9↑↑△	神原 ▲↑△	爺ヶ松　高松茶臼山 ●↑↑△	養久山1号 ●↑　▲●9

末は西暦200年前後となり[4]，したがって古墳時代の開始は3世紀初頭，ないしは前半と考えうるのである。

つぎに，大山古墳（「仁徳陵」）の被葬者が仁徳天皇であるという考古学的根拠はとくにない。大山古墳前方部出土の遺物群と武寧王陵遺物群（A.D.523没）の類似性から同古墳を5世紀後半〜6世紀初に下るという森浩一氏の指摘[5]や，誉田御廟山古墳（「応神陵」）の埴輪が5世紀中葉に比定しうるという近年の成果[6]と推定されている仁徳天皇の没年とは合致しない。さらに応神天皇と仁徳天皇を同一人物とする直木孝次郎氏の見解や「倭の五王」は九州の王であるとする古田武彦氏の主張[7]も考慮に入れておきたい。

小林行雄氏は，前期古墳の開始を「3世紀の中頃よりは，はなはだしく降ることはない」とされ，3世紀後半〜4世紀前半を当てておられる。小林氏の古墳出土鏡に関する一連の業績は輝かしいものであり，その分有関係は事実として残る

が，年代については修正されなければならない。

なお，白石太一郎氏が奈良県新山古墳と江蘇省周処墓（A.D.297没）の金銅帯金具の比較や応神陵陪塚丸山古墳と馮素弗墓（A.D.415没）の馬具の比較を通じて検討された暦年代観[8]は，両者がはたして同類であるかどうかの疑義がありうるとしても大筋では，正鵠を射ているように思われる。近年における古墳時代暦年代論の1つの到達点を示すものであろう。

● 古墳の出現 ●

古墳が3世紀前半に出現していたとすれば，3世紀中葉に没した卑弥呼の「径百余歩」の「冢」は古墳時代の所産であり，邪馬台国は古墳時代の1つのクニということになる。それでは，卑弥呼の冢で，男王，ならびに壱与の王権継承儀礼が行なわれたのであろうか。倭人伝は何も語っていない。

王権継承儀礼が行なわれたことを示す考古学的

古墳一覧表

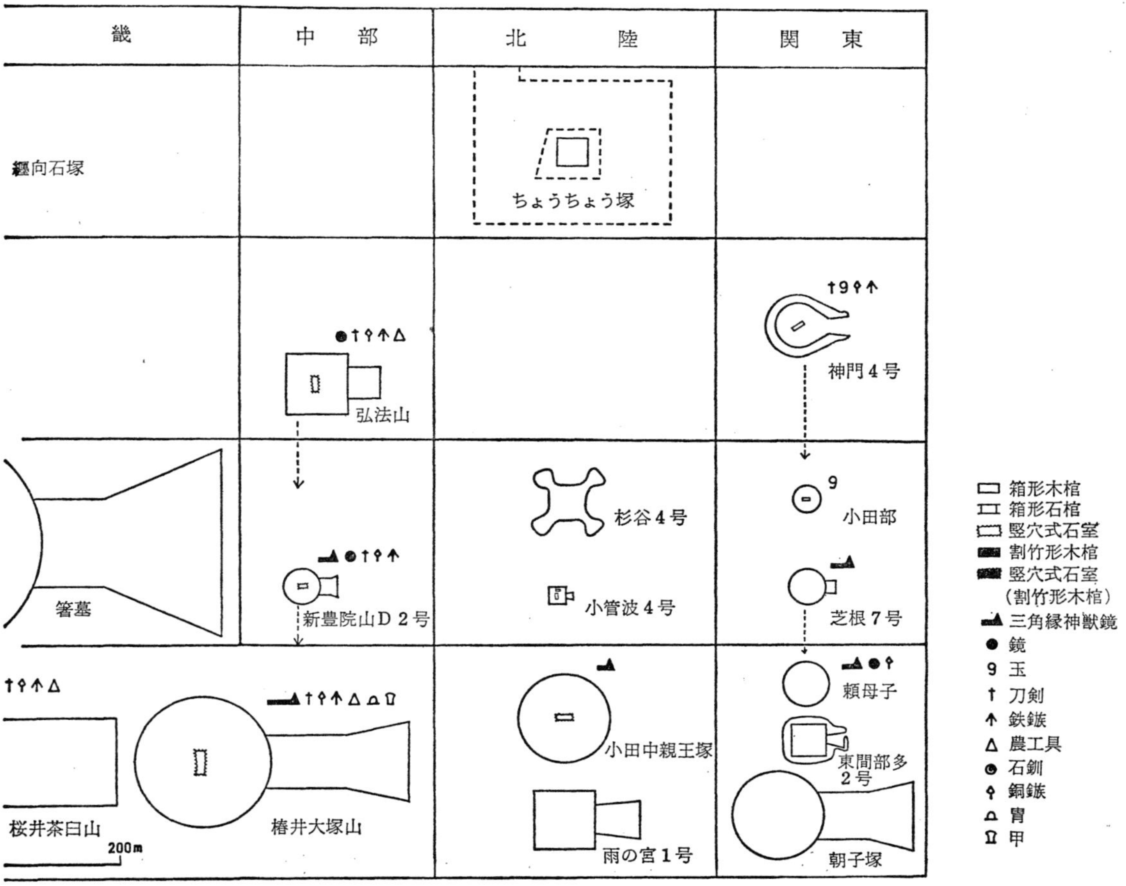

畿	中 部	北 陸	関 東
纒向石塚		ちょうちょう塚	
	弘法山		神門4号
箸墓	新豊院山D2号	杉谷4号 / 小管波4号	小田部 / 芝根7号
桜井茶臼山 / 椿井大塚山 200m		小田中親王塚 / 雨の宮1号	頼母子 / 東間部多2号 / 朝子塚

凡例：
- 箱形木棺
- 箱形石棺
- 竪穴式石室
- 割竹形木棺
- 竪穴式石室（割竹形木棺）
- 三角縁神獣鏡
- ● 鏡
- 9 玉
- † 刀剣
- ↑ 鉄鏃
- △ 農工具
- ◉ 石釧
- ♀ 銅鏃
- ⌂ 冑
- Ω 甲

87

な徴象として祭器と祭場の整備をあげることができる。

祭器の整備は，山陽では壺や器台を祭祀専用具として巨大化させ（特殊壺・特殊器台），近畿では壺の底部を焼成前に穿孔して儀器化する。そして，鏡・剣・玉の祭場での使用と副葬がはじまる。

祭場の整備は，埋葬施設そのものの巨大化（長大な竪穴式石室）と埋葬施設をおさめる円形，あるいは方形区画の，広い平坦面の造成，円丘部，あるいは方丘部への張出部の付設（前方後円墳，あるいは前方後方墳），周濠などの墳丘周辺区画の整備，墳丘の巨大化などとして表現される。

これらの要素を典型的に備えた王権継承儀礼の場としての墓地は，前方後円（前方後方）墳で長大な竪穴式石室・割竹形木棺を埋葬施設とし，鏡・剣・玉の副葬品を備え，特殊壺・特殊器台・儀器化した壺などから発展した埴輪をもつものである。

近藤義郎氏はこれを定形化した前方後円墳とよび，前方後円墳の定形化をもって古墳時代の開始とされ，その前段階に墳丘墓の段階を設けられた[9]。近藤氏のいう墳丘墓とは，主として盛土によって構築された定形化以前の首長墓である。突出部→前方部，列石→葺石，特殊器台→埴輪というように墳丘墓がもついくつかの要素が定形化して古墳の各要素に連なる，という。都出比呂志氏はさらに敷衍して，墳丘墓段階には突出部端に溝をもたず他との隔絶性が顕著ではないが，古墳は前方部そのものが高さをもち，他との隔絶を示すという。

定形化した前方後円墳を古墳ではないという人はないだろう。そうすると問題はつぎの2つにしぼられる。

（1）定形化した前方後円墳はいつ現われるのか

（2）「墳丘墓」は弥生墓と古墳のどちらの要素をより強くもつのか

（1）については，土器との共伴関係によって相対的に時期を限定しうる2，3の例を紹介しよう。

豊前赤塚古墳は，全長57m余の前方後円墳で，箱形石棺から4面の三角縁神獣鏡をはじめとする多くの副葬品が検出されている。近年，周濠内から纒向2・3式（庄内式）の壺口縁部が検出され，

当該時期の可能性が考えられるようになった[10]。

奈良県箸墓古墳は，全長270m余の前方後円墳である。埋葬施設，副葬品については明らかではないが，後円部頂と前方部頂から検出された壺は纒向3式である[11]。

この他，庄内式期で前方後円形の墳丘をもつ古墳としては，福岡県神蔵古墳，愛媛県唐子台15号墳，兵庫県横山1号墳，静岡県新豊院山D2号墳などがあり，決して少なくはない。

なお，纒向3式（新）（纒向遺跡辻土坑4の土器群）を布留式土器の範疇で捉えようとする考え方があり，それによって上記の古墳を布留式期に含めようとする考えがあるが，同期には布留式土器の特徴である布留型甕をはじめ小形丸底壺・小形器台・小形鉢型土器がセットとしてともなっていない段階であり，採用することはできない。

（2）については，近藤氏があげておられる墳丘墓の特性がすべて弥生墓よりは古墳に近い属性であり，墳丘墓は古墳的と考えざるを得ない。古墳的ではあっても古墳ではないという反論に対しては香川県石清尾山猫塚古墳の例が興味深い。石清尾山猫塚古墳は，従来，双方中円墳として紹介されていたが，近年の検討によって，双方中方墳，もしくは二隅突出型方形墳とでも称すべき墳形である可能性が強まった。同古墳には9基の竪穴式石室があり，三角縁神獣鏡をはじめ鏡・剣などが副葬されている。埋葬施設と副葬品は定形化した古墳と同じであり，墳形は定形化以前の形態をもつ。これは，墳丘墓なのだろうか，古墳なのだろうか。

この他にも墳丘墓とされている岡山県宮山墓や兵庫県天王山4号墳，奈良県見田大沢4号墳などに鏡・剣・玉が副葬されており，墳丘墓の概念が極めて曖昧であることを教えている。

なお，前方部端が区画されていないことを根拠として墳丘墓と古墳を区別しようとする都出氏の考え方は説得的でない。周濠をもつ前方後円墳では，周濠幅は後円部側が広く，前方部側が狭くて浅いのが通例である。狭い周濠部分に隔絶性を象徴させることはできない。

「古墳とは何か」という近藤氏のすぐれた論考を是とし，「墳丘墓」を非として古墳とは何か，を考えてきた。古墳とは，専用の祭具をもち，整備された祭場をもつ墓である。具体的には，近藤氏のいう墳丘墓の属性が古墳の属性なのである。

特殊壺・特殊器台・焼成前穿孔壺にみられる専用祭具の成立こそ重視すべきであろう。

このように考えて出現期の古墳を地域別に整理したのが表1である。纒向1式期を前後する頃，岡山には楯築古墳や黒宮大塚が現われ，奈良には纒向石塚古墳が出現する。以下，纒向2・3式期には各地域に拡まり，継続する。詳細は別稿を参照されたい[12]。王の中の王＝大王墓とよばれるにふさわしい最初の古墳が箸墓であることは一目瞭然であり，ここから大王の世紀がはじまる。

前期大型古墳の展開

奈良県の一画に成立した最初の大王墓＝箸墓古墳以降，東北南部から北部九州の各地域に前期大型古墳が築造される。分布の大要は図1のとおりである。

前方後円墳で竪穴式石室か粘土槨で割竹形木棺を覆い，鏡・剣・玉を副葬する古墳は畿内型古墳とよばれる。畿内型古墳は，前期古墳220余のうちの57％（120基余）を占め，分布の中心は近畿にある。近畿では，奈良・京都・大阪・兵庫に多く，和歌山にはない。畿内型古墳がヤマト政権を象徴するものであるとすれば，ヤマト政権の力は和歌山におよんでいなかったことになる。近畿周辺部で和歌山と同じ傾向をみせるのは，愛知と三重である。愛知・三重は弥生時代以来特色ある地域圏を形成しているところであり，そのことと畿内型古墳が少ないことが関連するのかもしれない。むしろ，より東方の静岡と長野・山梨に多い。前者は独自的であり，後者は畿内的といえるかもしれない。畿内的傾向は少ないながらも関東にも認められ，点的には東北南部におよぶ。

北部九州には畿内型古墳は少ない。福岡2基，佐賀1基だけであり，関東の状況とは異なる。畿内型古墳が関東と同程度に分布するのは香川・広島までである。西日本では畿内型古墳と同型であっても異なった類型に属する播磨型古墳（円墳＋竪穴式石室・粘土槨・割竹形木棺＋鏡・剣・玉）や異質な豊後型古墳（前方後円墳＋箱形石棺）が介在し，広島のようにそのすべてがほぼ対等に併存するというあり方を示す地域も認められる。

近畿の前期古墳は，確かに巨大であり，副葬品も多量であるが，西日本でそれを中央政権と意識した地域は岡山と香川にすぎず，他は大地域の中

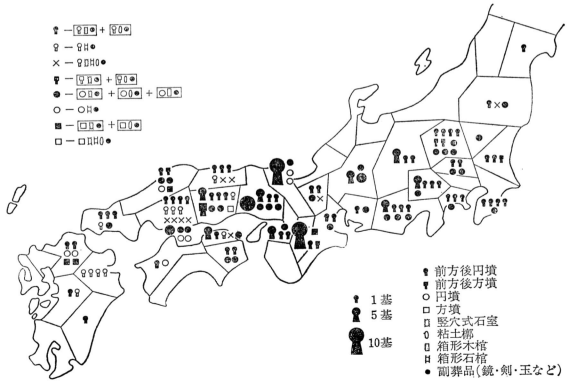

図1　前期大型古墳分布図

の限られた首長だけが連携を保ち，同地域の多くの首長は独自な墓制を継続し，相互の連携を強めていたものと思われる。静岡以東の中部・関東は，西日本とは異なり，ヤマト政権を中央政権と意識した首長が比較的多かったようである。ヤマト政権は，東方との連携を背景として西日本への拠点的な拡張をはかったのであろうか[13]。

● 小型古墳の意義 ●

とくに古墳時代前期には，いわゆる畿内型古墳と称される大型古墳とそれに準ずる古墳が注目を集め，群集する小型古墳の存在が忘れられがちである。

弥生時代以来の方形周溝墓群は古墳時代に入っても各地域に継続して営まれている。これらは，古墳時代の墓という意味で古墳にはちがいないが，いま問題としている小型古墳はこれらとはやや趣を異にしている。方形周溝墓の系譜をひく墓は，従前と同様の低墳丘で副葬品をもたず，埋葬施設は箱形木棺が多い。前代と異なるのは，群馬県下郷遺跡（石田川式期＝布留式併行）のように群内にやや大型の前方後方形周溝墓をもったり，一辺中央に陸橋部をもつものが増加する点などである。これ自体，共同体の墓地にありながら他とは異なる墓制を採用する個人の出現を示すものであり重要であるが，小型古墳からなる古墳群は，共同体の墓地から抜け出て，自らだけで墓地を占有する階層の出現を示している。

奈良県磐余池の内古墳群が１つの例である[14]。

磐余池の内古墳群は，前期大型古墳として著名な桜井茶臼山古墳やメスリ山古墳の西方 1.2km の丘陵上にあり，径 10m〜25m 余の円墳８基からなる。埋葬施設は，長さ 3m〜6m 余の箱形木棺・割竹形木棺で，副葬品としては三角縁竜虎鏡など５面以上と車輪石・刀剣・短甲などを出土している。

確かに磐余池の内古墳群は前期小型古墳群の中では傑出した副葬品を所持しているけれども，これが大和だけの特殊性でないことは岐阜県竜門寺古墳群のあり方や近年調査された福岡市藤崎の方形周溝墓の箱形石棺から三角縁二神二車馬鏡が検出されている[15]ことによってもわかる。菅谷文則氏が，小林行雄氏の「大和にはいまさら鏡をあたえて手なづけねばならぬほどの有力者はなかった」という推論に事例をあげて反証している[16]こ

との意味を，前期小型古墳の性格を考えるためにも検証しなければならない。三角縁神獣鏡が大和政権によって「服属の代償」として配布されたのであれば，何故，磐余池の内古墳群や藤崎方形周溝墓に副葬されているのであろうか。これを配布をうけた地域首長による再配布という一面的な解釈だけではなく，菅谷氏も指摘されるとおり，「著しい政治性以外の性格が鏡にあった」と考えることも可能であろう。また地域首長から再配布をうけたものであるとすれば，方形周溝墓を含めて前期小型古墳の政治的性格が問い直されなければならないことになる。

　註
1）　近藤義郎「古墳とはなにか」日本の考古学Ⅳ，河出書房，1966
2）　小林行雄『古墳時代の研究』青木書店，1951
3）　原田大六「鋳鏡における湯冷えの現象について」考古学研究，24，1960
4）　橋口達也「甕棺副葬品からみた弥生時代年代論」九州縦貫自動車道関係埋蔵文化財調査報告，31，福岡県教育委員会，1979
　　　橋口氏は，弥生時代末を３世紀中葉とされているが，私見では西新式は庄内式とほぼ併行し，庄内式期には古墳が出現していると考えているので西暦 200 年前後とした。
5）　森浩一「大山古墳は仁徳陵か」古墳と古代文化 99 の謎，産報，1976
6）　一瀬和夫・伊藤雅文『応神陵古墳外堤発掘調査概要』大阪府教育委員会，1981
7）　古田武彦『失われた九州王朝』朝日新聞社，1973
8）　白石太一郎「近畿における古墳の年代」考古学ジャーナル，164，1979
9）　近藤義郎「古墳以前の墳丘墓」岡山大学法文学部学術紀要，37，1977
10）　真野和夫・宮内克己『宇佐市川部・高森地区遺跡緊急発掘調査概報』4，大分県教育委員会，1981
11）　中村一郎・笠野毅「大市墓の出土品」書陵部紀要，27，1975
12）　石野博信「古墳出現の具体相」関西大学考古研究室創設 30 周年記念論集，1982
13）　石野博信「考古資料からみたヤマト政権の発展」歴史公論，77，1982
14）　泉森皎ほか『磐余・池の内古墳群』奈良県教育委員会，1973
15）　浜石哲也・池崎譲二『藤崎遺跡』福岡市教育委員会，1982
16）　註 14）に同じ

考古学と周辺科学　1
地　理　学

過去の歴史の解明と，現在あるいは未来の人類の生活設計の間をつなぐパイプ役として，地理学者は大きな役割を荷っている

広島大学総合科学部助手　安田喜憲
（やすだ・よしのり）

環境決定論の挫折

　第二次世界大戦の敗戦の嵐の中で，日本の地理学は，大きな転換をせまられた。それは侵略戦争の先鋒となった地政学者たちの追放と，その理論的支柱となった環境決定論の挫折である。そして，環境決定論を背景とした地政学に対するいまわしい記憶から，環境決定論ときけば，頭からナンセンスな理論であると，生理的に受けつけない風潮が生まれた。そして，その風潮は戦後35年を経た今日まで，おおかれすくなかれ地理学者の中には，脈々と生きつづけている。

　戦後世代の私は，敗戦の混乱やいまわしい地政学の事は，伝聞の世界の事にすぎない。しかし，大学で受けた地理学の講義を思い出しても，環境決定論に対するヒステリックなまでの嫌悪の態度から，それらの地理学者にとって，第二次世界大戦の敗戦が，いかに大きなショックをもたらしたかは，容易に推察できた。

　ここに一冊の本がある。それは偉大な日本の地理学者，飯塚浩二の『地理学方法論』（古今書院，1968）である。この中に収録された飯塚の戦前と戦後の論文を比較してみるとおもしろい。戦前の1932年に書かれた社会地理学の動向の中で，飯塚は「人類社会と自然との交渉関係は歴史的な発展の相において把握せらるべきであり，……社会的・歴史的存在であるところの人間と自然環境の交渉の考察は，私にとってしだいに歴史的関心事たりはじめた」と記している。そこには，地理学とは自然と人間のかかわりを，歴史的発展の中に把え，研究するものという，リッター以来の地理学の一大目標が明白に述べられている。

　ところが敗戦の直後，1947年に書かれた「地理的決定論の通俗性について」という論文では「いわゆる地人相関論とは自然と人間の営みが無関係のものでないという，学問的考察の出発点における認識を，単にちがった言葉で表現したにすぎぬものではないだろうか。かねて地人相関論として自己を主張しようとしていた流派が，地理的決定論の超克であり，ラッチェル的なものに対する単なる反動として，惰性的に生きつづけているのではなくて，自己自らの生活力を存しているものであるならば，ゲオポリティク（筆者注：地政学）の氾濫の形をもって現われた地理的決定論の復活に対しては，当然，他の学派に率先して，方法論的批判を加え，もって自己の立場を宣明すべきであり，いたずらに傍観的態度に終始する余地はあり得なかったのではないであろうか」となんとも歯切れの悪い内容である。言いたい所は自然と人間のかかわりの研究を標榜してきた地人相関論の地理学の傍観的態度が，ゲオポリティーク（地政学）の流行をもたらす要因となったという，自己批判ともとれる内容である。そこには，敗戦の混乱の中で，飯塚のような大学者であっても，社会の変動とは全く無関係ではありえなかったことがうかがわれる。今となってみれば，飯塚が若い情熱をもって地理学とは自然と人間のかかわりを歴史的発展の中で究明する学問であることを高らかにとなえた戦前の論文の方が，どれほど魅力的であろうか。自己批判的な循環論におちいっている戦後の論文からは，啓発される所は少ない。

　このように偉大な地理学者の飯塚においても，第二次世界大戦の敗戦の嵐は，その学問観に，いやおうなしに転換をせまったことがうかがわれる。そして，その混乱と挫折は，35年を経過した今日においても，日本の地理学に大なり小なり影響を及ぼしつづけているのである。

91

階級闘争史観の抬頭

いま一度，日本人の生活とその歴史をふりかえってみよう。池見酉次郎は「日本人ほど自然と一体感をもつ国民は少ない」[1] という。上山春平は「日本文化の本質には自然性の原理が生きつづけ，これが日本文化を発展させるエネルギーの源となっている」[2] という。また大野晋は日本古来の大和言葉には，自然という言葉はないという。それは日本人にとっては，自然とは自らの生活と一体となって存在するものであり，対立的存在でなかった証（あかし）であるという[3]。どれをみても，日本人の自然とのかかわりの態度を論じたものは，日本人の自然に対する親近感・一体感をその特色としてとりあげている。日本人の歴史は，そのめぐまれた自然との深いかかわりの中で発展してきた。

ところが，これほど自然と深いかかわりをもつ文化と歴史を発展させてきた日本において，その歴史を把える視点が，これほど自然とのかかわりを無視してきたのもめずらしい。第二次世界大戦の敗戦の嵐の中で，皇国史観や環境決定論が挫折し，新たに科学的歴史学の名の下に，マルクス史観が抬頭してきた。それは，いいかえれば階級闘争史観の抬頭といってもよいであろう。あの環境決定論に対するいまわしい記憶と，この階級闘争史観の新たな流勢によって，日本の歴史学者たちは，環境と歴史のかかわりを論じる視点を，長く見失うことになった。これほど自然と深いかかわりを持つ歴史と文化を発展させてきた日本においてである。

そしてマルクス史観は，ヘーゲル以来の西洋的自然観，ヨーロッパの混合農業地帯における自然と人間のかかわりのあり方の上に立脚した世界観・西洋中心史観を脱しきっていない点を思う時，その理論をそのまま日本の歴史の解釈にあてはめることに，私は躊躇を禁じえない。環境決定論の挫折とマルクス史観の抬頭という２つの敗戦を契機とした地理学と歴史学における重大な学説史的転換が，果して日本人の文化や歴史を考える上で，真にプラスの意味ばかりもたらしたのかどうか，今一度再検討する時期にきているのではないだろうか。

ミケーネ社会崩壊期の研究

戦後世代が受けた教育の１つに，西洋文明を代表する偉人の伝記を読むということがあげられる。シュバイツアー・リンカーン・シュリーマンといった偉人の伝記を，私もその例にもれず愛読した。なかでもシュリーマンとフェデェインの伝記は，私の心をつよくひきつけるものであった。少年の頃のフェデェインとシュリーマンへのあこがれの思いは，30歳の中ばを過ぎた今も，私の中に同居している。シュリーマンのトロヤやミケーネの発掘物語を読み進む中で，最後に残った疑問は，どうして地中海の古代文明が突如として崩壊したのかということであった。そして高校の世界史の教科書には北方の野蛮なドーリア人の侵入によって文明が崩壊したと書いてあった。しかし，そのドーリア人の進入が何故引き起されたのかは，謎のままであった。そして大学に入ってまもなく，１冊の本を読む機会をえた。それは大田秀通『ミケーネ社会崩壊期の研究』（岩波書店, 1968）である。その本の中には，ミケーネ社会は奴隷制という１つの大きな矛盾をその中に内包しており，その社会的矛盾が，紀元前11〜12世紀頃の地中海世界全体の変動の中で激化し，それがミケーネ文明の崩壊を生みだす原因だと書いてあった。人を人とも思わぬ差別が，ミケーネ社会の崩壊を引き起す引きがねとなり，奴隷が自由をもとめる解放の闘いの中で，ミケーネ文明が崩壊している様がみごとに描かれている。

しかし，私にはそぼくな疑問が残った。それは奴隷たちの自由をもとめる闘いが，何故１つの文明を死滅させ，地中海の半島を不毛の原野に変えてしまったのだろうかということである。自由をもとめる戦い，圧迫民が自由になろうとする闘いが，何故文明を崩壊させ，死の原野を生み出すのであろうか。自由をもとめる戦いならば，その終末は次代の輝かしい新たなる文明の発展を生みだすのではないであろうか。多くを考えさせる本ではあったが，ミケーネ文明崩壊の原因を根本的に解決するものではなかった。

そして，とうとうこのミケーネの遺跡をどうしてもこの目で見たいという思いにかられた。イギリスの国際会議に出席した帰路，私はこのペロポネソス半島の遺跡を訪れた。地中海のまぶしい初夏の日射しの中で，私の目に最初にとびこんできたのは，遺跡の背後のイリアス山であった。それは樹木のないハゲ山であった。シュリーマンの伝記にもイリアス山のスケッチがのっており，この

時代にすでにハゲ山となっていたことがわかる。そして遺跡の側には谷があった。しかしその谷底には水は一滴も流れていなかった。しかし，その谷底に，かつては流水があったことは，両岸に発達する河岸段丘の存在から明白であった。私は数日，このイリアス山の周辺を歩きまわった。岩だらけのハゲ山には，背の低いコルクガシの灌木とトゲのあるキク科の草本が植えている。家畜の食害から身を守るために植物もトゲで防衛している。ヒツジやヤギの食べることのできないトゲのある草のみが残ったともいえる。そのため，そのトゲが足にささってやたらと歩きにくい。干上った谷底とガラガラの岩山にとりこまれたミケーネの遺跡は，どうみても住みよい環境の所ではなかった。

　日本の縄文時代や弥生時代の遺跡は，現在からみても，ここなら住みやすそうだと思われるところにたいてい立地している。ところがこのミケーネの遺跡は，現在の環境が昔と同じとすれば，とても人の住める環境ではない。どうみても，これはミケーネ時代と現在とでは，遺跡周辺の環境が異なっていたと考えざるを得ない。

　近年のギリシャの花粉分析の結果では，すでに5,500 年前から，ネズ・ピスタチオそれにカシを中心とする森が，オリーブや麦の栽培と家畜をともなう農耕活動によって，破壊されはじめていることが明らかとなっている[4]。またプラトンのアトランティス物語[5] の中には，すでにプラトンの時代には，神殿の棟木に使用するような大木は，アテネ周辺の山々からは姿を消し，今は蜂が蜜をあつめるような灌木しか生育していないことが報告されている。

　現在はハゲ山のイリアス山も，ミケーネの人々が居住した当時は，おそらくカシやピスタチオ・ネズなどの森に覆われており，そこから流れ出る小川は谷をうがち，谷底には清流が流下していたことであろう。もしイリアス山が深い森におおわれ，そばを流れる谷川に清流が流れていたとすれば，ここは見晴しのよい，快適な城砦であったろう。現時点ではその森の実在とその後のミケーネ人による破壊を明確に立証できる花粉分析の結果はないが，それらの森がミケーネの人々によって破壊しつくされたことは，想像にかたくない。

　地中海地域では，こうした古代人の森林破壊によって急速な土壌侵蝕が引き起され，ギリシャや

ローマ時代にはミケーネのアルゴリド谷をはじめ地中海沿岸の諸河川のデルタの急速な前進が報告されている[6]。また谷底には土壌侵蝕の結果，厚い堆積物が堆積し，その後の侵蝕でそれらが段丘化していることが報告されている[7]。私が見たミケーネの谷底の段丘は，こうした人類の森林破壊のあと引き起された急速な土壌侵蝕によって形成されたものと思われる。地中海地域の雨の降り方は，夏期の乾燥と冬期集中型を示している。こうした乾燥と集中豪雨のくり返しは，一たん森が破壊されると，急速な土壌の流亡を引き起したであろう。さらに夏期の乾燥気候は森林の再生を困難にし，若芽を食いつぶす家畜の存在によって，森は一たん破壊されると，永久に再生することはなかったであったろう。

　森の消滅は水収支のバランスをも破壊し，いつしか谷底からは水量が減少しはじめた。また森の破壊は砂塵を増大させ，これが気候の乾燥化を一そう助長したという意見もある。地力はしだいに低下し，かつての高い文明をささえた沃野は，しだいに石ころの荒野に変わっていった。現在のミケーネ周辺の畑は，畑とは名ばかりで石ころの荒野に等しい。イリアス山が夕日に赤く燃える頃，石ころの畑から羊飼いが羊を追って家路につく風景は，のどかであるというよりも，自然を食いつぶした1つの文明のたそがれを私にはおもいださせた。

　このようにみると，ミケーネ文明崩壊の原因は，奴隷制を中心とする社会的内部矛盾の激化を軸とする階級闘争のみでは説明できないように思う。その背後には人間の自然破壊に起因する土地生産性の低下，あるいは気候の悪化といった自然条件の変化が深くかかわっているように思われる。もちろん，これはこれからの私の重要な研究課題であり，その実証的研究は近い将来にまたねばならないが，近年ではアメリカやヨーロッパの歴史家や気候学者の中にも，ミケーネ文明の盛衰を，その文明を支えた気候条件とりわけ旱ばつとのかかわりの中で論じる研究が出はじめている[8]。そしてこうした一連の研究に対して，ミケーネ社会は商業社会であり，大地の生産性などは文明の盛衰とは何ら関係なく，それは環境決定論だときめつける批判は，あまりにも暴言すぎるであろう。

93

地理的環境論者たち

歴史を階級闘争のみで把える視点では，歴史の意味を十分に理解できない一例としてミケーネ社会崩壊期の研究を取り上げたが，社会的・歴史的な存在としての人類を中心にすえ，人類と環境とのかかわりの中で，歴史を明らかにしようとする視点は，地理学には古くから存在した。自然と人間の関係，舞台と歴史との間の相関関係を地理学の重要な課題としたのは，19世紀前半に活躍した，ドイツの地理学者カール・リッター（C. Ritter, 1779〜1859）であるといわれる。そしてこの地理的環境論の系譜は，フリードリッヒ・ラッチェル（F. Ratzel, 1844〜1904）に受けつがれた。彼は自然と人間のかかわりを，とりわけ環境の人間に対する影響力を重視した。ただラッチェルの場合，人間の存在はあくまで生物的存在であり，人類集団もまた生物集団の一員にすぎなかった。このため，後世環境決定論の汚名をきせられることになった。このあとを受けついだフランスのヴィダル・ブラーシュ（V. Blache, 1845〜1918）は，人間の歴史的・社会的存在としての側面を重視し，ラッチェルの環境論の上に立って，人間と自然のかかわりを歴史的発展段階の中で把えることを主張した[9]。これは地理学を大学で専攻した者なら誰しも一度は学ぶ近代地理学説史の一こまである。そうして，このドイツやフランスにおける近代地理学思想・地理的環境論は，新大陸の地理学者にも大きな影響を及ぼし，C. O. サウアーの農耕の起源の研究[10]や近年ではK. ブッツアーの環境と考古学[11]の研究にその影響が明白にみとめられる。またドイツやフランスの近代地理学思想は，日本の地理学の形成にもきわめて大きな影響を及ぼしている。

その一人として，すでに述べた飯塚浩二があげられる。自然と人類，地理と世界史の間の関係を体系的に究明し，それをもって世界史の構造を明らかにしようとする視点，社会的・歴史的存在としての人間と自然のかかわりを，歴史的発展の相において把握することの重要性を説いた飯塚の思想の中には，明白に比較文明論的視点がみとめられる[12]。そうした流れは，能登志雄の気候順応の研究[13]，保柳睦美のシルクロード地帯における自然の変動と人類史のかかわりの研究[14]や，近年では鈴木秀夫の一連の研究成果[15]の中に，みごと

に結晶されている。筆者の研究[16]もまた，こうした一連の流れを受けつぐものである。

先史地理学者の苦悩

このように地理学とは，自然史と人類史にまたがる境界領域の学問として，きわめて総合科学の性格のつよいものであることがわかる。そして地理学の1つの大目標が飯塚のいう如く，社会的・歴史的存在としての人間と自然のかかわりのあり方を，歴史的発展の相において研究することにあるならば，先史時代はその目標を最もヴィヴィッドに具現できる対象であるはずである。なぜならば先史時代の人類の生活は自然に依存する度合が強く，人類の文化・生活に対する自然の影響が色濃く刻印されているからである。

京都大学の小牧実繁によって提唱され，藤岡謙二郎によって継承・発展させられた先史地理学は，自然と人間のかかわりを歴史的発展の中で研究するというリッター以来の地理学の一大目標を，最もシャープに取り扱うことができる分野であったはずである。にもかかわらず，その後，大きな発展をなしえなかった背景には，京都大学の地理学教室が文学部にあるという制度的制約が大きな影響を及ぼしていると思われる。すなわち，文科系のため人類史のバックグラウンドとしての自然環境を復元・研究する手法や知識をマスターする点に，どうしても限界があった。目的意識は藤岡の『先史地域及び都市域の研究』（柳原書店，1955）に明白に示されている。しかし，それを具体的に研究する研究手段をマスターする点においてゆきづまった。それは藤岡自身もその著の中で，先史地理学の究局の目的が先史時代の地域性の認識にある以上，「各地における先史時代の各時期ごとの発掘や調査や景観の復原が完成される日をまたねば，完全な先史地理学は形成され得ないことになる。ここに先史地理学の困難がある。」とはっきりと未来の苦悩を予想している。

しかし先史時代の景観変遷史や地域変遷史が他人の力によって復元されるのを待つ他力本願的態度では，進歩はおそい。ようやく近年になって，日下雅義の空中写真を利用した遺跡周辺の微地形の研究[17]，西村嘉助によって着手された ^{14}C 年代測定[18]，阪口豊によって最初に地理学に導入された花粉分析による古植生・古気候復元の研究[19]，町田洋によって着手された広域火山灰の研究[20]

などが地理学者自らの手によっても開拓されるようになってきた。それは東木竜七の関東平野の貝塚分布の研究[21]以来，遺跡の地理学的研究と聞けば，遺跡周辺の海岸線の変化，地形環境の変化に終始していた研究に，新たな1ページを加えるものである。そして，自然と人類にたえず目をくばり，人類の文化・生活を自然とのかかわりにおいて，総合的に空間の中で把えようとする視点が，方法論の弱さをある程度克服した今日，ようやく正当に評価され始めた。

しかし，昆虫・大型哺乳動物・種子などの大型遺体の研究，藻類などの微化石，地球化学的分析など，いまだ地理学者のマスターすべき分野は多い。地理学者が，自然史と人類史の総合的把握を目ざす限り，この方法論に対する苦悩と挑戦は，これからも当分の間，続くであろう。

文化財保護・自然保護・都市計画

遺跡の発掘調査が，たんに過去の人々の生活や文化あるいは歴史の解明にとどまるのではなく，現在あるいは未来の人々の快適な生活設計，よりよい暮しの設計につながるならば，考古学者として，これほど喜ばしいことはないであろう。

この過去の歴史の解明と未来の人類の生活設計の間をつなぐパイプ役として，地理学者は大きな役割を果し得るであろう。今日，日本の自然と文化を守るにあたって重大な問題がある。それは文化財行政と自然保護行政が，縦割の組織の中で，一体となっておしすすめられていない点である。それは，文化財保護には文科系出身者が，自然保護には理科系出身者があたり，それらは専門分化した大学の組織の上にのっかって，お互いに何の連絡・関心ももたないという，今日の大学教育のおかれた1つの社会的矛盾の反映でもある。こうした中で，理科系と文科系にも講座がもうけられ，自然史にも人類史にもともに深い関心をよせる地理学者の果す役割は大きい。

近年の発掘調査を担当する人々の中には，土器や石器を取りあげるだけが文化財の保護ではなく，遺跡とその周辺の自然景観を残してこそ，はじめて文化財保護の真の目的が達せられることに気づきはじめている人が多い。そして，その土地における数千年にわたる人類の生活と歴史をその土地の自然史の特性とのかかわりの中で明らかにし，その結果を未来の都市計画や地域開発のプラ

ンの中に生かしていきたいという要望が高まって来ている。現代の都市計画や地域開発のプランの設計にあたり，数千年にわたって居住してきた祖先の知恵に学ぶとともに，その遺産をいかに計画の中にくみ入れ，未来の子孫のために残していくかは，高い国民の税金を使って発掘調査にたずさわる人々の切なる願いであろう。ぶ厚い報告書を刊行するだけが発掘調査の最終目標でないことはあきらかである。

過去の人類と自然の歴史から未来の都市計画までをも含めた総合的なプロジェクトの設立が今望まれている。自然史にも人類史にも深い関心をもち，現代の都市計画や環境問題にまでその関心が及ぶ地理学者は，こうした総合的プロジェクトのリーダーとして，大きな貢献をなし得るであろう。

註
1) 池見西次郎『セルフコントロールの医学』1976
2) 上山春平『歴史と価値』1972
3) 大野　晋『日本語をさかのぼる』1974
4) Greig, J. *et al.*, *J. Archaeol. Sci.*, 1, 1974
5) 田野頭安彦訳『プラトン・クリティアス』1975
6) Kraft, *et al.*, *Science*, 195, 1977
7) Vita-Finzi, The Mediterranean Valleys, 1969
　 Wagstaff, J., *J. Archaeol. Sci.*, 8, 1981
8) ブライスンほか著，根本順吉ほか訳『飢えを呼ぶ気候』1980
9) 詳しくは野間三郎『近代地理学の潮流』1963，および水津一朗『近代地理学の開拓者たち』1974，参照
10) Sauer, C., Agricultural Origins and Dispersals, 1952
11) Butzer, K., Environmental & Archaeology, 1971
12) 飯塚浩二「世界史と地理」世界史講座，1944
13) 能登志雄『気候順応』1966
14) 保柳睦美『シルクロード地帯の自然の変遷』1976
15) 鈴木秀夫『森林の思考・砂漠の思考』1978
　　鈴木秀夫『気候と文明』1978
　　鈴木秀夫『超越者と風土』1976
16) 安田喜憲『環境考古学事始』1980
17) 日下雅義『歴史時代の地形環境』1980
18) 測定結果は毎年『東北大理科報告』シリーズ7に掲載されている
19) 阪口　豊『泥炭地の地学』1974
20) 町田　洋『火山灰は語る』1977
21) 東木竜七「貝塚分布の地形学的考察」人類学雑誌，41，1924

書評

江坂輝彌著

縄文土器文化研究序説

六興出版
菊判 395頁
7,800円

　江坂さんの還暦をお祝いしたのは，たしか3年前のことである。その折にいただいた著作目録をみると，じつに膨大な数の論文，報告その他が紙面をうめている。おそらく，日本の考古学者のなかでも，指折りかぞえられる豊富な仕事量の持ち主といっても，まちがいはないだろう。すでに10代の中頃から，縦横の調査と旺盛な執筆をつづけ，ほとんど衰えもみせずに今日にいたっている。このエネルギッシュな活動には，あらためて脱帽せずにはおられない。

　このたび，そのたくさんの著作のなかから，江坂さん自身の手で選んだ31篇の論文をまとめて，『縄文土器文化研究序説』を上梓された。各論文は，つぎの4つの章に分類されている。

　　第1章　縄文土器文化の起源
　　第2章　縄文土器文化時代の渡来栽培植物
　　第3章　縄文土器文化時代の先史地理学
　　第4章　縄文土器文化の資料集成

　各章の主題は，江坂さんが長年関心をもって取り組んできた対象であり，私たちは本書によって，その研究のみちのりと蓄積をよくみてとることができる。いま，これら各論文の発表年次をみると，1940年代4篇，50年代8篇，60年代7篇，70年代9篇，80年代3篇となっている。

　このうち，1940年代の前半に発表された2つの論文，すなわち「稲荷台系文化の研究」と，「南関東新石器時代貝塚からみた沖積世における海進海退」は，当時の学界に大きな影響を及ぼしただけでなく，江坂さんのその後の研究方向を決定づけた，いわば原点になっていると思われる。前者は，そのころ最古の縄文土器として登場した稲荷台式土器の研究をとおして，縄文文化の起源の問題にふれたものであり，そこでいわゆる「南北二系統論」を提唱されている。また後者は，ささやかな論文ではあったが，東木龍七らの業績を土台に，その後における縄文土器の編年研究の成果を適用して，海進海退間題を追求し，縄文時代人の生活舞台である水域環境の解明に一石を投じたのである。

　この2つの論文に特徴的なことは，縄文土器の編年研究に依拠しつつ，しかも一方ではそれにとらわれずに，研究を展開していくという姿勢である。これは学史的にみても，順序正しい方法であったことはいうまでもない。江坂さんも，「まえがき」のなかで，「本論文集は，大山，甲野，山内，八幡など，恩師の方々の業績に立脚して云々」と述べているように，みずからもその自覚の上に立っている。釣針や土偶その他の集成的研究も，配石遺構や自然環境にかんするいくつかの論考も，おおむねこの延長線上に属する仕事であり，それを大きくはずれるものではない。ただ，江坂さんの貪欲なまでの探究心は，栽培植物の問題などにも拡大され，含蓄のある発言を披瀝するまでにいたっているのである。

　敗戦後に考古学を勉強するようになった，いわゆる戦後派の私たちは，江坂さんのいくたの著作から学ぶことが多かった。とくに，早期の土器に興味をよせていた私は，じつのところ大きな影響をうけた。前述の論文「稲荷台系文化の研究」などは，それの載っている雑誌『古代文化』を表紙のちぎれるまで読んだ記憶がある。また，太平洋戦争のさなか「遠く中支の戦線で軍務の余暇」に綴ったといわれる論文，「廻転押捺文土器の研究」（人類学雑誌所収，本書には不掲載）には，一種の感動すら覚えたものである。

　しかし，成長するにつれて，江坂さんたちの学問上の水準にいかに近づき，またそれを追い越すかが問われてくる。新しい世代がになうとうぜんの課題であろう。このためには，僭越ながら，先輩の業績の批判から出発しなければならない。「1930年代後半以降，今日まで著者が歩んできた道の集積であり，学問的回顧である」本書をいま手にして，私たちはその順当な機会をもつことができたわけである。

　また，江坂さんの学問観にも，眼をむけなければならない。本書のなかに，つぎのような一文がある。いわんとするところ，縄文文化の研究は，それを「日本の原始・古代の歴史のなかに定着させたりする必要は全くないと考える。（中略）古代人の技術発達史として，また日本古代人の発達史として，どのような道程を経，当時いかなる生活環境にあったかが解明されれば充分である」（92頁）。こうした考えが，学問の前進にとって一種のかせになっていないかどうか，検討することも必要であろう。

　だが，こうした立場とは別に，江坂さん自身は，本書を「ステップとして，さらに新しい研究課題へと取りくむ」意欲を明らかにされている。私たちもまた，批判的作業からはなれてその研究の発展を心から願わずにはおられない。

（岡本　勇）

書評

加藤晋平・小林達雄・藤本強編

縄文文化の研究 1
縄文人とその環境

雄山閣出版
B5判 278頁
3,000円

　考古学と自然科学の結びつきはもともと密接であった。世界の考古学史の中で，とくにフランスなどにおいて長い伝統をもつ「先史考古学」は，きわめて自然科学的な思考を基盤として成立し，また発達してきた。その中で対象とする時代が古くなればなるほど，考古学は人類学や地質学などに接近し，総じて「第四紀学」の一部を占めるほどになる。

　日本の考古学，とりわけ貝塚の研究を中心にして発達してきた縄文時代についても，古くから自然科学の成果には少なからぬ関心が寄せられてきた。大森貝塚の報告でモースが貝殻の観察に多くの頁を費したのは，彼に特別の興味があったからにしても，その後の日本人による遺跡の報告には多少にかかわらず自然遺物についての記載があるし，明治の人種・民族論争以来，人骨に対する人類学的研究もおおいに盛んであった。さらに戦後，先土器時代文化が発見されるとともに，地質学や地形学，とくに最近では火山灰層（ローム層），古気候などに関する考古学と自然科学者の共同調査は日常的なことといえるなど，両者の結びつきを示す事例は多い。

　しかしそうした考古学史に残る多くの事例も，考古学者と自然科学者がそれぞれの立場で，また独自の目的と方法にもとづいて，遺跡から得られる資料を分析し記述をおこない，どちらかといえば考古学者の側から，年代とか地層とか動植物の種類などについて，必要な知識とデータを一方的に受け取るといったケースが大部分であった。それゆえ本書が主題にしているような「縄文人とその環境」を復原するという目的で，自然科学の成果が考古学の対象とする時代や歴史の研究に，積極的に関与した例ははなはだ稀であったといわざるをえない。しかしいまや自然科学は考古学を変えつつある。

　その意味で今回雄山閣から全10巻の構成をもった考古学の講座『縄文文化の研究』の中に，1巻全部を自然科学諸分野の研究者の筆になる，縄文時代の自然環境の復原に関する企画で埋めたことは画期的なことであり，最近の考古学と自然科学による学際的な共同研究の発展を物語る動向を示したものとして注目される。

　本書は編者である加藤晋平氏の総論のほか，「縄文人骨」「縄文時代の環境」「年代」という3部の内容からなっている。そのうち「縄文人骨」は縄文人骨についての研究史，特徴，変異の過程と背景，周辺諸民族との形質上の比較，古病理学・古人口学などからなる5つの章にわけ，山口敏氏がそれら全部を通して執筆している。各章とも非常に豊富な図表などの資料を示し，ともすればとっつきにくい専門的な知識や研究上の問題点を，従来の研究経過をよく紹介しながら体系的に記述している。そのため専門外の者でも興味を失わずに，縄文人骨の全容を理解するのに恰好なテキストとなっている。

　「縄文時代の環境」は本書の中心をなす部分であるが，そこにはまず土壌・火山活動・海進海退・古海洋学など，縄文時代の環境を形成する地学上の諸要素が概説されている。執筆者は松井健・渡辺弘之・町田洋・スチュアート＝ヘンリ・小野田正樹・鎭西清高氏で，いずれも従来から考古学の分野での共同研究の実績を豊富に持つ自然科学者達で，それぞれの専門分野の成果を，考古学上の問題との接点で親切に興味深く解説してみせてくれている。

　また安田喜憲氏は「気候変動」を書き，その中で日本列島の完新世における自然変動とそれに伴う動植物相の変化を，花粉分析など最新の資料を紹介しながら，それと縄文文化の動態を対応させる試みを大胆におこなっている。さらに西田正規氏は動植物など縄文時代の自然の食料資源のあり方と，縄文時代の生業活動の結びつきをよりリアルに描き出す方向性を積極的に示そうとしている。こうした安田・西田氏らの研究は，いままでともすればそれぞれの分野で独自な資料の扱い方や分析の提示だけで終りがちであった，考古学と自然科学の結びつきをより密接に一体化した目的を追求するという，最近の新しい共同研究の動向を表徴するものとして，本書が編まれた意図をよく示している論文である。

　最後の「年代」では，自然科学的な年代測定の方法上の問題を論じた松浦秀治の論文と，縄文時代の年代を具体的に論じたキーリ＝C＝T・武藤康弘両氏の2章を扱っている。巻末にいままでに知られた縄文時代の年代測定資料を一覧表として集大成し，縄文時代の年代についてのさまざまな情報を整理している。まことに便利で有益な2論文である。

　前述したように今後考古学はより積極的・体系的に自然科学の成果を研究の中に生かさねばならない。本書が若干の不満足な点を持つとしても，全体として今後の研究の展望をきりひらく一つの重要な指標となることは間違いない。

（戸沢充則）

論文展望

阿部祥人
剝離痕による石鏃の分析—試論—

東京都埋蔵文化財センター
研究論集 Ⅰ
p. 1〜p. 16

本論文の主眼は，石鏃の比較分析を行なう際の分類基準として，従来より主にとられている形態や重量とは別に，製作技法上の特徴を基にした分類方法を示すと共に，その分類結果から本研究法の展望を述べることにある。

基本的な方法としては，石鏃の表面に残されている各種の剝離痕のうち，製作工程の最終段階のもの（仕上げ痕）を選び，その分布状態によって，2種の分類を行なった。第1は，仕上げ痕が両面とも右側縁に偏った分布傾向をもつR型，その逆に左側に偏るL型，及びそのどちらの傾向も示さないO型という分類である。もう1つは，両面を比較して片面に仕上げ痕が偏在しているA型と，その傾向のないX型という分類である。

これらの各分布型が石鏃製作当時のどのような事実を反映したものなのかを探るために石鏃の大きさ，石質，形態など7つの形質との関係について分析を試みたがいずれとも有意な相関は示さなかった。そこで次に各分布型から想定される製作方法を検討した結果，とくにR型とL型の両者については製作技法のうち，剝離の加え方か，石器と製作者との位置関係かのいずれかが全く逆な場合に生じるものであるということが指摘できた。そして分析した4遺跡資料における各分布型の出現割合をみると，千葉県内で時期的に近似した高根木戸・子和清水の両遺跡内ではO型が共に約1/3を占めるが，

高根木戸ではR型が約 1/2，一方，子和清水では逆にL型が約1/2を占めるという事実が注目された。

こうした諸結果と石器製作活動に関わる当時のいくつかの要素との関連の議論をも経て，本方法が製作者個人またはその集団の技術伝統というテーマへの接近に，より有効であるという締めくくりに到る。

（阿部祥人）

岡本東三
押型紋土器の技法と起源をめぐって

概報 樋沢遺跡
p. 62〜p. 64

1980年6月，締切りが迫った原稿を前にして蒸し暑い夜が何日も続いていた。そうした苛立たしさを紛らわすため，机上にあった兵庫県神鍋遺跡の"ネガティブ押型紋"の拓本を，一粒一粒赤エンピツで塗りつぶしていた。ちょうどショックアブソーバーのビニールの空気粒をプチプチと指で潰す，そうした心境であった。

この偶然の行為が，長年考えていた"ネガティブ押型紋"の原体の究明に繋がったのである。塗り潰された粒には，規則性があり，縄紋と同様に単位のくりかえしが認められた。もはや，回転原体であることは疑うことのできない事実となった。一つの謎が解ければ一定の見通しがたつものである。それを「神宮寺式・大川式押型紋土器について」と題してまとめた（『藤井祐介君追悼記念考古学論叢』1980）。

しかし，その見解についても，賛否両論の評価を得た。その第一は原体の問題であり，第二は編年の問題である。原体については，すでに片岡肇が実験成果をもとに押圧・半転技法を提示されていた。確かに片岡法でも同一紋様ができるであろうが，実際の資料は回転の軌跡を描いているのである。これは事実であって，実験の成果ではない。回転原体の認識なしにはつぎの編年の問題も解決できないであろう。大川式と立野式の関連については多くの人の認めるところであるが，その位置づけについては，立野式を最古とする神村説と異なる見解となった。沢→樋沢下層→立野・細久保とした編年観は，帯状施紋から全面施紋へという型式変遷を軸としたものである。また，大川式と細久保式には器形や口縁部と胴部の紋様帯の間に刺突紋を配する共通点があり，大川式と関連する立野式は細久保式併行あるいはそれ以前に位置づけられると考えた。押型紋土器の起源については撚糸紋土器（稲荷台式以降）に併行する見通しを立てたが，なお慎重に実証しなければならない課題であろう。

以上の諸点が樋沢シンポジウムで発表した骨子である。

（岡本東三）

渡辺 誠
縄文後期の漆塗木製広口壺について

古代文化 34巻1号
p. 30〜p. 35

1980年，鳥取市布勢遺跡で漆塗木製広口壺を含む多くの木製品が発見され，材質の選択性，木取りなどの加工技術も含めて多角的に研究する必要がでてきている。布勢遺跡は千代川をはさんで鳥取市の市街地西方に位置する低地性遺跡で，多量の植物性遺物を出土した桂見遺跡に近接している。広口壺は縄文後期前葉の福田KⅡ式を主体とする特殊泥炭層から出土したもので，数片に割れている。

器壁は平均 9mm の厚手で，横木取り，研磨されていて，内外面ともに黒漆が塗布されていた。外面だけはさらにこの上に一部を残して赤漆を塗布している。胴上半部には半渦巻を描くように曲線状の隆帯がみられ，この文様は福田KⅡ式土器の文様に類似する。材質はトチノキ。同遺跡からはこの他に2点の刳物の木製品が出土している。丸底の浅鉢と杓子で，材質はともにヤマグワである。

縄文時代において木製刳物を出土した遺跡は布勢遺跡のほかに6ヵ所存在する。古い順に並べると福井県三方町鳥浜遺跡（前期），埼玉県大宮市寿納遺跡（中～晩期），鳥取市桂見遺跡（後期），新潟県小千谷市町浦遺跡，千葉県八日市場市多古田遺跡，青森県八戸市是川遺跡（以上晩期）で，東日本および日本海側にかたよっている。刳物の器種は皿，盤，鉢，椀，壺，高杯，杓子などがあり，浅い皿，盤，鉢状のものはすでに前期より出現し，壺と高杯，杓子は後期に初めて現われ，晩期にも存在している。

布勢遺跡出土の広口壺は諸例と比べてみてもきわめて特異な存在である。つまり，器形や半浮彫りの文様，漆塗りにおける赤と黒の使い分けなど，縄文時代の刳物としては最高の水準を示しているといえよう。
（渡辺　誠）

申　敬澈
釜山福泉洞古墳群遺跡第1次発掘調査概要と若干の私見
古代文化　34 巻 2 号
p. 1～p. 20

釜山大学校博物館は1980～81年に釜山市東萊区・福泉洞古墳群の発掘調査を行ない，単独土壙墓，主室・副室とも土壙墓，主室が竪穴式石室で副室が土壙墓，大小の単独竪穴式石室墓という4類型の古墳を計 27 基（主・副室を

それぞれ1基とすると計 36 基）検出した。多数の副葬品が出土したが，とくに甲冑と馬冑の検出は注目される。冑は竪短板革綴式で，胴巻板・腰巻板などのない単純なもの（16・22 号墳）と，それと同じであるが伏鉢のあるいわゆる蒙古鉢形に近いもの（10・11・21 号墳）の2類型に分けられる。短甲は 11 号墳から竪短板革綴短甲，4 号墳から三角板革綴短甲が出土している。馬冑は 10 号墳から出土していて，他に馬甲と思われるものも検出されている。革綴短甲・馬冑の検出は韓国では初めてであり，以上の甲冑類は5世紀初葉～中葉と推定される。馬具も多数検出され，4 世紀末～5 世紀前葉と思われる古墳では杏葉・雲珠などが伴っていないことが注意される。その他，金銅冠，青銅七頭鈴，三葉・三累環頭大刀や装身具類なども検出されている。また，11 号墳と 22 号墳では鉄鋌を束ねて床面に配列し，棺台として利用していた。

この福泉洞古墳群と金海礼安里遺跡，慶州皇吾洞・朝陽洞遺跡などから墓制の変遷を推察すると，4 世紀代には土壙墓が主流であり，5 世紀初以降，新羅では積石木槨墳，伽耶では竪穴式石室墓が採用されるようになったと考えられる。陶質土器も福泉洞古墳群から多数出土している。土器に関しては，1 世紀中葉に漢式土器の影響を受け南部瓦質土器が発生し，1～3 世紀代は瓦質土器が主体で，4 世紀代に南部地方特有の陶質土器が出現したものと考えられる。また，福泉洞古墳群の豊富な副葬品などから金官伽耶の中心地を東萊地域に推定してみたいが，このことは出土遺物の検討などとともに正式報告時に多角的に検討されよう。

以上が申氏報文の要旨である。日本とも関連する遺物も出土していて，本報告書の刊行が待たれるところである。
（定森秀夫）

小谷仲男
因幡の宝篋印塔
史跡と美術　52 巻 1 号
p. 2～p. 15

この論文は石造美術の研究を通して地方の文化，歴史がどう位置づけられるか，こころみたものである。石造美術研究の生みの親，川勝政太郎氏は『日本石造美術辞典』を編纂し，全国の石造美術の重要遺品約 1,000 点を選んだ。主として鎌倉，南北朝時代の作品になるが，その内訳は京都府 170，奈良県 148 点とずばぬけて数が多く，それに滋賀，兵庫，大阪府県をあわせると，全体の半数を占めることとなる。数の上で1％にみたぬ県が多いなかで，当時の文化の中心地がどこにあったか如実に示している。関東地方にも数の多い県があるが，それは石造美術の代表の五輪塔や宝篋印塔でなく，板碑を発達させたことによる。

さて今回問題にした因幡（鳥取県東部）も石造美術として目立つもののすくない地域であるが，詳細に観察していくと，中央から伝播する文化をいかに受容したかの形跡をよみとることができる。例えば南北朝以前の宝篋印塔をみると，さきに川勝政太郎氏が因幡と播磨（姫路）とで同一形式の石塔をみつけたことから，因幡の石造美術の伝播源が播磨地方にあることを指摘した。そのごわれわれが調査をすすめて，但丹地方（但馬，丹後，丹波）に集中的に分布する中心飾付格狭間をもつ宝篋印塔の形式が因幡にも及んでいることを発見した。結局，中世の因幡は文化的にみて，播磨地方から中国山脈をこえて入ってくる系統と，但馬を経由して入ってくる系統の2つの伝播源をもち，石造美術からみると，その割合はほぼ半分半分であり，しかも様式の異なる文化を並存させていたところに，地域色がある。
（小谷仲男）

文献解題

池上 悟編

◆縄文時代の基礎研究　塚田光著
『縄文時代の基礎研究』刊行会
刊　1982年3月　B5判　329
頁

46歳で急逝された塚田氏の遺
稿集で38篇の論稿よりなる。氏
の主要な研究対象であった縄文時
代の住居と集落および共同体に関
する論稿と，論評・学史類よりな
る。

◆東北縦貫自動車道発掘調査報告
書　秋田県文化財調査報告書第
90集　秋田県教育委員会編・刊
1982年3月　B5判　本文篇266
頁　図版篇545頁

鹿角市の北の林II，上葛岡I・
II，小豆沢館遺跡の報告。縄文時
代・平安時代の住居址を中心とす
る。

◆志波城跡 1―大田方八丁遺跡範
囲確認調査報告―　盛岡市教育委
員会編・刊　1981年3月　A4
判　154頁

北上川の支流雫石川の南岸に位
置する，延暦22（803）年に坂上
田村麻呂により古代陸奥国最北端
の基地として建置された志波城の
内容を明確にしたもの。方500尺
（150m）の内郭に掘立柱建物跡群，
方3,000尺（900m）の外郭内に
多数の竪穴住居址などが検出され
ている。

◆三貫地遺跡　渡辺一雄・大竹憲
治編・著　1981年10月　A4判
376頁

福島県新地町に位置する指定史
跡三貫地貝塚の周辺における調
査。竪穴住居址3軒と多数の土壙
が調査され，縄文後・晩期を主体
とする多数の遺物が検出されてい
る。

◆本屋敷古墳群発掘調査概報 I
法政大学考古学研究室編・刊
1982年3月　B5判　40頁

福島県浜通りの北側，双葉郡浪
江町の請戸川左岸に位置する前方
後方墳本屋敷1号墳の調査概要。
後方部で割竹形木棺，前方部で箱

式石棺が検出され，出土土器より
5世紀代初頭の築造と推定されて
いる。

◆天台瓦窯遺跡　群馬県吾妻郡中
之条町教育委員会編・刊　1982年
2月　B5判　156頁

群馬県西北に位置する中之条古
窯跡群天台瓦窯跡の調査報告。
2基の地下式登窯を検出し，7世
紀後半の創建である金井廃寺への
8世紀代の供給が明確にされてい
る。さらに県内の瓦の様相が総括
され，神社の分布よりする帰化系
氏族の移入と瓦との関連を述べ
ている。

◆伊勢崎・東流通団地遺跡　群馬
県企業局編・刊　1982年3月
A4判　463頁

群馬県のほぼ中央部伊勢崎市に
位置する著名な遺跡の報告であ
る。前方後方形1基を含む方形周
溝墓11基，古墳時代前期の住居
址135基，後期の住居址100基以
上，若干の平安時代の住居址，11
世紀代の製鉄遺構1基，小鍛冶遺
構4基の内容である。

◆宮中野古墳群発掘調査概報―昭
和56年度―　鹿島町文化財集第
25集　茨城県鹿島町教育委員会
編・刊　1982年3月　A4判
37頁

茨城県東南部の北浦に面する台
地上に位置する現存70基の宮中
野古墳群における4基の古墳の測
量・墳丘確認のための調査であ
る。

◆千葉・上ノ台遺跡―先史14
倉田芳郎編　駒沢大学考古学研究
室刊　1982年3月　B5判　本
文篇（全5分冊―1）506頁　付
篇66頁

東京湾の最奥部に面する千葉市
幕張の台地上に展開した古墳時代
後期を主体とする集落址である。
鬼高期の住居址は321軒調査さ
れ，このうち92軒と若干の縄文
期の炉穴・土壙・集石が報告され
ている。

◆神谷原 II　八王子市椚田遺跡
調査会編　八王子資料刊行会刊
1982年3月　A4判　822頁

八王子盆地の南側の湯殿川の北
岸の小比企丘陵の台地縁辺に展開
した椚田遺跡群中の遺跡であり，
IIでは縄文期の遺構が報告されて
いる。早期の炉穴54基・土壙35
基，中期の住居址56基・土壙76
基・集石26基などの報告であ
る。

◆神谷原 III　八王子市椚田遺跡
調査会編　八王子資料刊行会刊
1982年3月　A4判　166頁

弥生時代終末～古墳時代初頭の
住居址21軒を扱う。報告Iで扱
った142軒の同時代の住居址・方
形周溝墓34基と共に1つの集落
を形成するものであり，土器の様
相により6期の細分が試みられて
いる。

◆細田遺跡　神奈川県埋蔵文化財
調査報告23　神奈川県教育委員
会編・刊　1982年1月　B5判
333頁

横浜市戸塚区の柏尾川と境川に
挟まれた段丘上に位置する遺跡で
あり，諸磯b期4軒，勝坂期6軒，
加曾利E期1軒の住居址と多数の
土壙類の報告である。

◆静岡県志太郡岡部町横添古墳群
板沢支群発掘調査報告書　岡部町
埋蔵文化財調査報告1　東海大学
工業高等学校考古学研究部編　岡
部町教育委員会刊　A4判　190
頁

静岡県の中央部，朝比奈川の支
流岡部川の北岸に位置する64基
よりなる古墳群中の15基よりな
る支群の9基の古墳の調査報告で
ある。

◆城山遺跡調査報告書　静岡県浜
名郡可美村教育委員会編・刊
1981年3月　A4判　214頁

静岡西端の砂州上に立地する城
山遺跡の報告。500m離れて隣接
する伊場遺跡と一体となって形成
された地方官衙の一部をなすも

の。唐三彩の3個体分の陶枕が注目され，伊場遺跡が駅に関連するのに対し城山遺跡は軍団との関連が想定される。

◆恒岡氏城跡発掘調査報告　三重県文化財調査報告45　三重県教育委員会編・刊　1981年3月　A4判　30頁

上野盆地の北縁阿山町に位置し，東西2本の土塁とその間に挟まれた平坦面よりなる単郭形式のもので，天正9（1581）年の第2次天正伊賀の乱で織田信長により滅ぼされた恒岡氏関連の城跡である。

◆渥美半島の須恵器窯　森田勝三著　東海古文化研究所刊　1982年3月　B5判　50頁

渥美半島基部に分布する高師山古窯址群における須恵器窯の様相を総括したもので，35群よりなる窯の分布が，7世紀中葉より10世紀代に展開したものとされている。

◆長尾・タイ山古墳群　龍野市文化財調査報告書Ⅲ　兵庫県龍野市教育委員会編・刊　1982年3月　B5判　313頁

兵庫県の南西部，揖保川下流西岸の丘陵上に位置する15基よりなる古墳群の調査報告。その主体は木棺直葬の円・方墳で，5世紀末より6世紀前半代の築造である。

◆古高取内ケ磯窯跡　直方市教育委員会編・刊　1982年3月　B4判　320頁

旧豊前国と筑前国の境の福智山山麓に位置する慶長年間初源の高取焼の窯跡の報告。焼成室14室を有する連房式登窯であり，日常雑器と茶陶を兼焼する。

◆重要遺跡確認調査報告書Ⅰ―装飾古墳・吉武7号墳　福岡市埋蔵文化財調査報告書第68集　福岡市教育委員会編・刊　1981年3月　A4判　34頁

福岡市西区の早良平野西縁に位置する115基よりなる金武古墳群中の7号墳を中心とする吉武K支群の報告。7号墳は奥壁及び左右の側壁に渦文・同心円文・帯状曲線文が赤で描かれており，6世紀

代末葉の築造年代が想定される。

◆古宮古墳　大分市文化財調査報告第4集　1982年3月　大分市教育委員会編・刊　B5判　53頁

大分川の左岸で発見された畿内終末期に展開した横口式石槨を主体部とする一辺12mの方墳の報告。主体部の様相は畿内地方との関連が注目され，壬申乱に活躍した大分君恵尺が被葬者としての可能性の高い点が指摘されている。

◆上ノ原遺跡群Ⅰ　大分県教育委員会編・刊　1982年3月　B5判　24頁

中津市の山国川右岸に位置する上ノ原横穴墓群と勘助野地遺跡の報告。横穴墓では墳丘を有するもの，初源期の5世紀後半代のものがあり注目される。

◆福島考古　第23号　福島県考古学会　1982年3月　B5判　130頁

霊山根古屋遺跡出土の「木葉状文」土器片…………梅宮　茂
矢吹町乙江発見の井草式土器とその意義…………芳賀英一
広野町狸森遺跡出土の縄文式土器について…………大和田智・石本弘・松本茂・山内幹夫
福島県出土先史時代土偶の集成（1）…………芳賀英一
郡山市野中遺跡調査報告…………金崎佳生・佐藤満夫・鈴木雄三
田村郡常葉町富岡遺跡出土の土器…………長島雄一
相馬市迎貝塚の製塩土器について…………橋本博幸
一般集落内における掘立柱建物跡について（県南・県中地区を中心として）…………大越忠士
郡山出土の墨書土器……高松俊雄
胃カメラによる仏像胎内銘の調査…………梅宮　茂
会津の石造美術Ⅱ，石層塔2題…………生江芳徳
会津早山鋳物師の撞座…藤田定興
城館跡出土の石臼―石臼付着物からみた火薬生産の痕跡…………相原秀郷
福島市腰浜出土のメダイ…………長島正夫
館岩村二荒神社及び田島町南照寺

の薄銅板形懸仏………藤田定興

◆埼玉考古　第20号　埼玉考古学会　1981年12月　B5判　40頁

縄文時代前期末葉から中期初頭の動向について（予察）―大宮台地周辺を中心として…青木義脩
大宮台地東部の遺跡分布について―芝川，原市，沼上流域の遺跡立地移動…………赤石光資
埼玉県における榛名山二ッ岳噴出火山灰を堆積する遺跡について…………斎藤国夫

◆土曜考古　第5号　土曜考古学研究会　1982年1月　B5判　140頁

古墳時代集落構成の一考察―児玉地方の5～8世紀の集落群の動態と土師器の変遷を中心として―…………利根川章彦
吉ケ谷式土器について…柿沼幹夫
大形甑―埼玉県を中心として―…………中村倉司
山崎貝塚にみるもうひとつの2棟1組型住居址…………下村克彦
安行3b式研究の序―山内清男博士の学説から鈴木公雄氏の新説を批判する―…………鈴木正博・鈴木加津子
縄文時代前期の住居と集落（Ⅲ）…………笹森健一

◆史館　第13号　市川ジャーナル社　1981年12月　A5判　100頁

房総における須恵器生産の予察（1）…………酒井清治
郡衙遺跡出土の瓦について（下）―関東地方の2・3の遺跡を中心として―…………今泉　潔
下総国古代土器編年試論（1）―下総国分遺跡を中心として―…………佐々木和博
所謂「平山村土偶」の検討…………堀越正行
船橋市後貝塚発見の土器…………小西ゆみ
印旛郡富里村古込発見の火葬墓………越川敏夫・林勝則
原始・古代における集落研究文献解題…………石井則孝

◆立正史学　第51号　立正大学史学会　1982年3月　A5判

109 頁
備後国大田庄の可耕地について
………………是光吉基
◆法政考古学　第7集　法政考古学会　1982年3月　B5判　66頁
石鏃における時期的変遷の様相―北上川中流域の縄文時代前・中期を中心として―……佐々木彰
同一古墳における円筒埴輪の多様性の分布―同一古墳における複数回の埴輪樹立について―
………………若松良一
宮ノ台式土器の時間軸上の細分試案―煮沸形態土器を対象として
………………泉谷憲俊
◆古代　第72号　早稲田大学考古学会　1982年3月　A5判　62頁
埼玉県高井東遺跡の土偶について
………………鈴木正博
縄文晩期・細密沈線文土器についての二，三の考察……田部井功
秩父市下ヶ原遺跡の調査（一）
………小林茂・吉川國男
かまど出現の背景……笹森紀己子
埼玉県出土の須恵器を模倣した土師器について………杉崎茂樹
埼玉県本郷貝塚の土偶…石川裕子
◆考古学雑誌　第67巻第3号　日本考古学会　1982年2月　B5判　136頁
亀山市木ノ下古墳の発掘調査概要
………三重大学歴史研究会原始古代史部会
土器群の型式論的変遷について（上）―型式論再考―大井晴男
イラク最古の遺跡バルダ・バルカ―東西比較考古学へのプロローグ―………………安斎正人
エジプト，アル＝フスタート遺跡の発掘調査（第3次）
………桜井清彦・川床睦夫
佐賀県宇木汲田遺跡甕棺出土の青銅製武器について……千葉基次
熊本県城ノ越古墳出土の三角縁神獣鏡について
………富樫卯三郎・高木恭二
根室市弁天島遺跡出土の小銅鐸
………北構保男・山浦清
◆考古学雑誌　第67巻　第4号　1982年3月　B5判　148頁

竪穴住居址の柱穴位置と規模について―原始住居復原の一考察―
………………渋谷文雄
土器群の型式論的変遷について（下）―型式論再考―大井晴男
石山寺に蔵する『古瓦譜』およびその古瓦について……林　博通
東アジアに於ける「hand-axe」をめぐる2・3の問題
………小野田正樹・外山泰久
群馬県三ツ寺I遺跡調査概要
……下城正・女屋和志雄・小安和順・新井順二
特異な線刻画をもつ縄文土器について……………浅川利一
愛媛県三間町土居中の独鈷状石器
………西田栄・十亀幸雄
千葉県粟島台遺跡発見の「琥珀製大珠」………………伊藤睦憲
◆東京都埋蔵文化財センター研究論集　I　東京都埋蔵文化財センター　1982年3月　B5判　72頁
剥離痕による石鏃の分析―試論―
………………阿部祥人
地方窯成立の背景について―南多摩窯跡群をとおして―
………………加藤　修
多摩ニュータウン地域の古代（1）
………栗城譲一・鶴間正昭・比田井克仁
◆信濃　第34巻第2号　信濃史学会　1982年2月　A5判　74頁
立野式土器の編年的位置について（完）―その5最近の押型文土器研究の中で―………神村　透
◆古代文化　第34巻第1号　古代学協会　1982年1月　B5判　54頁
縄文後期の漆塗木製広口壺について………………渡辺　誠
◆古代文化　第34巻　第2号　1982年2月　B5判　54頁
釜山福泉洞古墳群遺跡第1次発掘調査概要と若干の私見
………………申　敬澈
◆古代文化　第34巻　第3号　1982年3月　B5判　52頁
メヘルガール遺跡の表採遺物について………………宗薹秀明
千葉県大原町新田野の自然貝層の

¹⁴C年代
………小野田正樹・本吉正宏
◆古代学研究　96　古代学研究会　1981年8月　B5判　41頁
東六甲の高地性集落（上）
………………森岡秀人
愛媛県越智郡玉川町大塚遺跡について………………正岡睦夫
和歌山市朝日出土の石槍
………大野左千夫・長谷川俊幸
床面に敷かれた石灰藻覚書
………西原昭明・富樫卯三郎
別所下39号古墳出土の円筒形埴輪………伊達宗泰・赤塚次郎
◆古代研究　23　元興寺文化財研究所　1981年11月　B5判　52頁
蹉足と死者―古代葬列の一考察―
………………藤澤典彦
異体文字雑考（四）……坪井良平
「第五様式細別」における寺沢論考をめぐって―寺沢批判に答うる―………………丸山竜平
大阪府高石市金松山大王寺の懸仏
………………神谷正弘
◆古代を考える　第30号　古代を考える会　1982年2月　B5判　58頁
特集・八尾南遺跡の検討
大阪東南部の条里………服部昌之
八尾南遺跡の発掘調査について
………………米田敏幸
大阪府河内平野周辺の弥生時代以降の環境変遷………安田喜憲
◆考古学研究　第28巻第4号　考古学研究会　1982年3月　A5判　130頁
縄文時代における生産力の発展過程………………後藤和民
北関東西部における弥生から古墳時代の水田遺構について
………………平野進一
西日本の水田遺構………工楽善通
「後北式」土器の成立について
………………木村英明
擦文時代の開始にからむ諸問題
………………横山英介
島取県下の玉作遺跡について―山陰の弥生時代の玉生産の流れ―
………………清水真一
縄文時代草創期の石鏃について
………………白石浩之

学界動向

「季刊 考古学」編集部編

──────────九州地方

横帯文銅鐸の鋳型発見 福岡市博多区東平尾の席田（むしろだ）遺跡群の赤穂ノ浦遺跡で福岡市教育委員会による緊急調査が行なわれ，横帯文型に属する銅鐸鋳型片が発見された。大きさは 9.1×7.8cm で，厚さは最大で 5.6cm。花崗岩質の砂岩製とみられ，左縁に綾杉文様，真横に格子縞の横帯文が彫られており，その下にはシカと釣針型の変型邪視文が描かれていた。凹部の表面には深さ約 1cm の焼け跡が認められることから鋳造に使ったことは間違いないが，ひんぱんには使用されなかったらしい。破片から推定して，作られた銅鐸は幅 12cm，高さ 20～30cm。小銅鐸を除けば九州では鳥栖市安永田遺跡につぐ2番目の出土で，いずれも初期の銅鐸鋳型が出土したことで銅鐸の開始をさぐる上で貴重な資料となった。なお同遺跡は福岡平野の東を限る席田丘陵の一部で，東西の尾根に挟まれた谷の部分。

比恵遺跡で絹布巻きの銅剣出土 福岡市教育委員会が発掘調査を進めている福岡市博多区博多駅南4丁目の比恵遺跡でカメ棺42基，土壙墓2基，井戸3，竪穴住居跡と古墳時代の周溝が発見されたが，弥生時代中期前半のカメ棺（28 号棺）から細形銅剣1本が絹布に巻かれた状態で出土した。銅剣は全長 30.35cm で，絹布は刳方から関部にかけて付着しており，剣身を保存するためにさらしで庖丁を巻くようにして巻かれていたらしい。また茎にも直径 0.5mm の撚糸が一面に巻かれていた。これまでの絹布の出土は飯塚市立岩遺跡のものが弥生時代中期後半で最も古かったが，今回の例はさらに 50～100 年ほどさか上る。現在，京都工芸繊維大学の布目順郎名誉教授による鑑定が行なわれて

いる。

──────────中国地方

兼基銅鐸を模した土製品 岡山県教育委員会が発掘調査を続けている岡山市原尾島の百間川遺跡第一微高地で，弥生時代後期中葉の銅鐸を模した土製品が発見された。この土製品は昨年4月，住居跡の井戸の中から出土した弥生時代後期中葉の甕，壺など約 30 個体分を整理中に発見されたもので，片面の 2/3 が残っていた。長さ 7cm，幅 3.5cm で復原推定高は 12cm。表面に袈裟襷文と鋸歯文が描かれ，型持を真似た穴もあって，模様は昭和25年に東へ約2km 離れた同市兼基からみつかった銅鐸にそっくり。銅鐸形土製品は全国で 30 数カ所知られているが，時期が不明か無文のものが多い。その点，今回の出品は時期が決定でき，兼基銅鐸と文様がそっくりであることから，兼基銅鐸を実際にみてコピーした可能性が強く，銅鐸の存続時期を確定できるものとして注目されている。

緑山 17 号墳の発掘 岡山県総社市教育委員会は，同市が進めている市道の拡幅工事予定地にかかることから 57 年2月より市内上林の緑山 17 号墳を緊急調査していたが円頭大刀や土器，鉄滓など多くの副葬品が発見された。同古墳は径約 15m，高さ 2.5～3m ほどの円墳で，18 基確認されている緑山古墳群の中では中規模のもの。南に開口した左袖式の横穴式石室は全長 9.6m，うち玄室は長さ 6.05m，幅 1.35～1.5m，高さ 1.7m で，羨道は長さ 3.55m，幅 1～1.15m。玄室からみつかった円頭大刀1振は長さ 92cm，刀身 72cm で，レントゲン撮影の結果，柄の先端の円頭部に象嵌で波状の文様を施していることがわかった。その他金環2点，刀子1点，須恵器・土師器 21 点，さらに

に数個の鉄滓も出土した。古墳の築造時期は出土土器からみて，こうもり塚古墳とほぼ同じ6世紀後半で，7世紀初めごろまで追葬が行なわれたと考えられる（木棺は5棺推定）。

長瀬高浜遺跡の発掘 鳥取県東伯郡羽合町の長瀬高浜遺跡では鳥取県教育文化財団による発掘調査が続けられているが，先ごろ一辺 16.5m の前方後方形の柵列と溝をめぐらし，この中に 5m 間隔の四本柱を建てた大型建物跡が発見された。柱穴掘り方は深さ 2.1m，直径が 2.8m あり，60～80cm もの巨大な柱の存在が推定される。さらにその後の調査でこの建物跡の前方部南側に接して 8×9m の長方形に配列された 8 個の柱穴と，その内側に並ぶ幅 1.5m の 2 条の柱穴のある溝で構成された建物跡，さらに 6×7m の長方形に並んだ 12 個の柱穴からなる建物跡が発見された。この3棟は軸線がほぼ北北西から東南東の方向に統一されており，相互に何らかの関連がある建物らしい。同遺跡ではこれまで古墳時代前～中期の竪穴住居跡 140 軒と掘立柱建物跡 30棟が発見されているが，今回の建物跡は住居や倉庫ではなく，4世紀末ごろの政治あるいは祭祀に関する施設とみられている。

──────────近畿地方

西日本各地産の土師器一括出土 大阪府八尾市中田遺跡ではさる 54 年に行なわれた八尾市教育委員会による調査で，古墳時代前期のピット（直径 1m，深さ 50cm）2 基から土師器約 140 点が発見されたが，先ごろ土器の整理を行なったところ，この地域に少ない器形が多いことがわかり，奈良県立橿原考古学研究所の奥田尚研究員らの協力をえて胎土中の岩石・鉱物の分析から産地を突きとめた。その結果，調査した132点（7割

学界動向

が甕，2割が壺）のうち出雲2点，吉備14点，紀伊15点，河内29点などがあり，中田遺跡周辺で作られたものは20点と全体の15％にすぎなかった。ピット内から土器がまとまって出土した同様の例に奈良県纒向遺跡がある。纒向の土器は形態的に東海，北陸地方など東日本の土器が多かったのに比べ，中田遺跡の場合は形態と胎土からみて西日本の土器が多いのが特徴。中田遺跡は奈良盆地を流れる大和川が河内平野に出た所に当たる古代の交通の要衝。

7世紀の木簡出土　大阪府八尾市末広町4の佐堂遺跡では大阪文化財センターによって近畿自動車道天理―吹田線の建設に伴う発掘調査が行なわれているが，7世紀後半と推定される木簡が発見された。この木簡は長さ10cm，幅2.5cm，厚さ5mmで，下半分は折れてなくなっているが元は20cm前後あったらしい。文字は「種（種の異字？）田五十戸奈□□□□」と読めるが，「五十戸」は大宝令（701）で国郡里制が確定され，「五十戸」を「一里」と定めている。出土木簡に「種田五十戸」と記されているのは大宝令施行以前の行政単位の名称として「五十戸」を用いていたためである。また養老2年（718）に作られた賦役令の規定では国，郡，里の名，貢進者の姓名の順に書くことになっているが，今回の場合はいきなり「五十戸」（「里」）から書かれており，郡内で用いられた大宝令施行以前の7世紀後半の木簡とみられる。また同遺跡では旧大和川の支流，旧長瀬川川底で地下約4.2mから一辺4〜5mの方形プランの竪穴住居跡4軒が発見された。庄内式の甕や炭，灰，焼土，滑石の原石などが伴出しており，4世紀前半と推定される。これで当時，旧長瀬川の川筋はもっと離れたところを通っていて，現在わかっている旧大和川の流路は中世以降のものらしいことがわかった。

田辺古墳・古墓群を発掘　大和川左岸の丘陵地にある田辺古墳・古墓群（大阪府柏原市国分本町7）で柏原市教育委員会によって7世紀から8世紀へかけての古墳・火葬墓約29基が発掘された。150年近く続いた墳墓群で，その推移が30〜40年ごとにたどれ，しかも時代が下がるごとに数がふえている。第1期（600年ごろ，5基）は2〜3人の追葬が可能な横穴式石室を伴い，幅80cmの濠を備えていた。墳丘部はすでに失っていたが直径10m近い規模であったとみられる。第2期（640年ごろ，10基）は1人の被葬者をやっと納められるほどの小石室に変化し，周濠も溝状になって隣の古墳と共有している例もある。第3期（670年ごろ，4基）では石室が築かれなくなり，床に敷石があるだけで木棺を直葬し，墳丘もほとんどなくなることから古墳の終末を示すと考えられる。第4期（710年ごろ，約10基）はすべて火葬墓で，斜面の上，中，下段に6〜7基ずつ平行して並び，墓道も確認された。うち1基は塼4枚を敷いてその上に口径58cm，深さ41cmの須恵器が逆さにして埋められ，中から「和同開珎」11枚が積み上げられた形で出土した。さらに他の1基からは蔵骨器を取り囲むように平瓦8枚が出土したが，塼は近くの田辺廃寺東塔基壇に使用されたものと，また平瓦は金堂，西塔の基壇と同一のものであることから，同遺跡は大宝令制定に参画した田辺史一族の墓域であることがほぼ確認された。

阿武山古墳は7世紀前半？　本年3月，私立大学のグランド造成工事でその一角が削り取られて問題になった阿武山古墳（高槻市奈佐原，茨木市）で，高槻市教育委員会・茨木市教育委員会による範囲確認調査が行なわれ，直径84〜80mの円形の溝をもつ墓域につくられた一辺約18.5mの方形墳であることがわかった。これまでに出土した須恵器片は7世紀前半の特徴を示すもので，今回の調査と昭和9年発見当時の調査とを総合すると，（1）石室は地山を20〜30cm掘り込んだ一辺18.5mの方形で，中央部分はゆるやかな築山になっていた，（2）石室の周囲に深さ90〜60cmのV字形の掘り込みをめぐらせていた，（3）掘り込みの一部は山すそ側が平たくなり道路状になっていた，（4）石室から南側斜面に延長約30mにわたり石を粗く並べた排水溝があった――などがわかった。669年に死んだ藤原鎌足の墓説はやや薄らいだといえるが，前例のない墳丘の形と玉枕，金モールの衣装とともに夾紵棺に納められた人物は天皇か親王クラスの人物であったろう。

旧石器〜中世の複合遺跡　（財）枚方市文化財研究調査会は，大阪府枚方市交北2丁目の市立仮称第15中学校用地になる交北城ノ山遺跡を約1年間発掘調査していたが先ごろ終了した。同遺跡は穂谷川沿いの枚方台地の北端にあり，調査によって旧石器時代から中世にかけての複合遺跡であることがわかった。発見されたのは旧石器時代のナイフ形石器，縄文時代から中世までの土器，縄文時代晩期の石棒，弥生時代の方形周溝墓43基，古代末〜中世初頭の館跡や木棺など。とくに木棺は長さ1.8m，幅35cmの比較的良好なもので，やや朽ちた側板と上蓋，小口板が残っており，棺を直接土の上に置かず根太2本で支えてあった。副葬品としては頭位方向と思われる場所に中国宋代の白磁碗（直径16cm，高さ6.5cm）と土師質の小皿2枚があり，骨は残っ

ていなかった。また木棺の北西方にあった最大の館跡は一辺 45ｍあり、この中に計150ヵ所の柱穴がぎっしり残っており、その周囲を幅 1ｍ、深さ 60cm の堀が方形にめぐっていた。

平城宮跡第139次調査　奈良国立文化財研究所平城宮跡発掘調査部は第139次調査として、奈良市佐紀町の平城宮跡の推定第2次内裏の東を南北に流れる東大溝北端部にあたる地域を発掘調査した。その結果、第2次内裏外郭東北隅を区画する築地の基底部、玉石組南北大溝、これに合流する東西大溝、小規模な掘立柱建物3棟などを検出した。出土遺物としては木簡 200 余点や鬼瓦、「和同開珎」などの貨幣、墨書土器がある。玉石組大溝は平城宮の排水路の1つとされており、溝上部幅 2.4ｍ、深さ1.6ｍで、両側には石組の護岸が施されている。木簡の大部分は東大溝と東西大溝がT字形に合流する付近から出土した。このうち「天平勝宝六年十月」の日付をもつ木簡には「駿河国志太郡正丁作物布乃理一籠」と記され、養老元年（717）の税制改正に伴うものとみられる。また「参河国播豆郡大御米五斗」は天皇の食する大御米が畿外からも送られてきたことを示すものとして注目される。鳳凰紋の鬼瓦は 20 年ほど前に出土したものと同じ型で作られたものである。さらに溝内から天平年間の木簡とともに木彫りの面がみつかった。16.2×8.5cm、厚さ 4cm の素朴な造り。伎楽面や人形とは形や大きさが異なっており他に類例が見当らない。

高円離宮跡の可能性　万葉集にも歌われた聖武天皇の高円（たかまど）離宮があったとみられる奈良市白毫寺町の県立高校建設用地で、奈良県立橿原考古学研究所による発掘調査が行なわれたが、井戸内から天平5年の年号を記した

木簡が出土したことなどから、この遺構が高円離宮である可能性が強まった。この木簡は縦半分に割れた状態で、長さ 19.6cm、幅 2.5cm、厚さ 2mm。付札らしいが赤外線撮影の結果、「天平五年閏月廿六日白□合」の文字が読みとれた。この年号は聖武天皇の在位期間と一致している。遺跡は谷に挟まれた南北 60ｍ、東西 120ｍほどの地域で、北側には長さ 40ｍにわたる護岸の石組、さらに上流の奈良時代の地層から長さ 5m、幅3ｍの土塀の一部がみつかった。その他直径 20〜40cm の掘立て柱跡が 200 個近くと平城京の第二次大極殿朝堂院で使われたと同じ平瓦や二彩壺の破片、宣命簡ではないかとみられる穴のあいた木簡状の板4点、平安時代初期の銅製ベルト金具などが出土した。

高安城の倉庫跡を確認　奈良県教育委員会の高安城跡調査委員会は奈良県生駒郡平群町久安寺で発掘調査を行なった結果、高安城の倉庫跡であることを発見、正式な発掘調査によって初めて天智朝に造られた高安城の存在が確認された。県立橿原考古学研究所による調査が行なわれたのは八尾市の市民グループ・高安城を探る会が尾根沿いに発見していた 6棟のうちの第2号倉庫跡。18 個の生駒石製の礎石を掘り下げたところ、7世紀後半から末にかけての俵形壺の破片が出土、書紀に記載された高安城築城の年代が一致した。規模は東西 9ｍ、南北6.3ｍで、地覆石がないことから正倉院に類似した高床式の建物とみられ、書紀に「穀と塩を積む」と記されたように食糧倉庫の1つとみられる。701 年の続日本紀には高安廃城の記事があるが、倉庫跡近くから平城宮跡の出土品と共通する730 年ごろの大盤 6枚がまとまって出土したことから、以後も城は存続し、残った校倉が信貴山縁起

絵巻の飛倉伝説につながったとみられる。一方、倉庫跡から北西約600ｍ の烽火台があったとされる高安山山頂部（八尾市服部川 925）でも大阪府教育委員会による調査が同時に行なわれ、7 世紀後半〜末の須恵器蓋や土師甕など 5点がみつかり、城域がかなり広かったことが裏付けられた。

文禰麻呂墓を発掘　壬申の乱に活躍し、707 年に死んだ文禰麻呂の墓と伝えられている奈良県宇陀郡榛原町八滝字コメヤマの山林を発掘していた県立橿原考古学研究所は、先ごろ木櫃を安置した一辺2.5ｍ ほどの墓を検出、禰麻呂の墓を確認した。文禰麻呂墓の推定地には石碑や説明板が立てられているが、正確な場所はわからなかった。ところが榛原町が史跡公園化する計画を立てたことから位置確認のための調査が始められたもの。墓壙は隅丸方形のもので、中にかなりの量の木炭が散乱し、木櫃用と考えられる長さ約 4cm の鉄製釘2本がみつかったことから、粘土と木炭を敷いた上に木櫃を安置し、周囲を木炭でおおい、さらに粘土でくるむ構造だったとみられる。木炭は小さくて量も少なく、安万侶墓のように木炭槨とよべる構造ではない。上部は削平され、土盛りがあったかどうかもわからない。同地からは江戸時代末期に長さ 26.2cm の銅板製墓誌や銅箱、緑色ガラス製の骨蔵器、金銅製壺が掘り出され、出土品は一括して国宝に指定されている。推定される木櫃にはこれらが一括して納められていた可能性が強い。

袈裟襷文銅鐸出土　京都府相楽郡木津町相楽相楽山 47 の丘陵地でショベルカーが偶然銅鐸1個をひっかけた。ほぼ完形のまま出土した銅鐸は扁平鈕式袈裟襷文銅鐸で高さ 40.5cm、舞の長径 14.0cm、底径26.9cmで、高さ30.0cm

105

学界動向

の身の上に高さ10.5cmの鈕がついている。また鰭と鈕のつけ根両側に飾り耳各2個がついていた。時期は弥生時代中期から後期前半にかけてで八尾市御智都塚山出土例に模様構成が酷似しているが、装飾部分が異なっており同范例はないとみられる。周辺一帯からみつかっている遺跡はいずれも後期のもので、中期以前の集落跡は発見されていない。

────────中部地方

縄文中期の住居跡発掘 中野市大俣の姥ケ沢遺跡で、果樹園造成に伴う中野市教育委員会が結成した姥ケ沢遺跡緊急発掘調査団（金井汲次団長）が調査を行なった。その結果、縄文時代中期（後葉または末）と古墳時代中期の住居跡が各1軒と、縄文土器片25,000点余、打製石斧50点余、石鏃、凹石、石皿、磨石などが発見された。また縄文時代中期の祭祀遺構から土偶の頭部4点、胴体7点、足5点が出土。高さ19cmの土偶1体分がほぼ完全に復元された。土偶に伴って器台、盃、皿のミニ土器4点も出土している。同調査団では土器を復元し、市の歴史民俗資料館に展示することになっている。

────────関東地方

微隆線文土器など出土 3年間にわたって続けられてきた大和市つきみ野の市営住宅建設予定地にあたる上野遺跡で大和市教育委員会による発掘調査が行なわれ、先土器時代から平安時代に至る多くの遺構・遺物が発見された。平安時代の遺構としては竪穴住居跡10軒と高床式住居跡1軒、幅約1mで畑や住居の境に使われたともみられる溝状遺構5本、遺物として硯1点と石帯2点が出土した。また縄文時代の遺物としては草創期の微隆線文土器がある。高

さ22.5cm、口径23.5cmの丸底で、近くでは町田市ナスナ原遺跡の出土例がある。さらに先土器時代の石器は1万点以上出土しているが、この中には長さ10cmの全面を磨き上げた磨製石斧もあり、また焼けた痕跡が認められる礫群30ヵ所も発見された。

弥生中期前半の集落跡 埼玉県立さきたま資料館が進めていた熊谷市上之、池上と行田市池守の国道125号バイパス工事に伴う池上遺跡の発掘調査で、関東以北では初めて弥生時代中期前半の集落跡が発見された。同遺跡では53年に実施された第一次調査で須和田式期の住居跡1軒がみつかっていたが、昨年10月からの第二次調査でさらに住居跡10軒と環濠的性格をもつと推定される幅2〜4mのV字溝3本、土壙約20基、土器などが発見されたもので、これまで関東以北では同中期後半の宮ノ台式期の集落跡が最古で、中期前半のものは墓や土器がみつかっているにすぎなかった。住居跡は3×4mの小型のものから10×6mのものまでの楕円形プラン。遺物としては壺・甕・浅鉢などの須和田式土器約100点、鬚をたくわえた土偶の顔面部分、磨製・打製石斧、砥石などのほか、プラントオパールが検出されたことから、稲作が行なわれていた事実も裏付けられた。その後住居跡の土を篩にかけ水洗したところ、多量の炭化米が発見された。大きいもので長さが約4.5mmあり、現代の米とほとんど同じ形。さらにわずかながら米以外の穀物も検出されており、その同定が待たれる。

宮内2号墳から子持勾玉 民間の分譲住宅の建設が予定されている栃木県小山市粟宮の宮内北遺跡で、6月初めから小山市教育委員会による発掘調査が行なわれた。同遺跡は思川左岸の河岸段丘上にあって縄文時代からの遺跡が知ら

れており、古墳も存在する。発掘調査の結果、縄文時代前期の住居跡2軒と中世の住居跡3軒が発見された。また東西17m、南北21mの墳丘をもつ宮内2号墳の周溝を発掘した結果、須恵器、土師器の完形4個体のほか子持勾玉1点が発見された。市内の古墳の中でも桑57号墳と同じくらい古いものと推定される。さらに2号墳に隣接して7世紀に比定される直径17mの円墳が新たに発見された。幅2.5m、深さ1.5mの周溝を伴っており、石室内から勾玉・玉類が30点、銀製耳飾1点が出土した。なお、これらの出土品は来年3月オープンする小山市立博物館に保管されることになっている。

足利学校発祥の地？ 足利市遺跡調査団（前沢輝政団長）は栃木県足利市伊勢町4丁目の字十念寺遺跡で発掘調査を進めていたが、先ごろ奈良時代末期から平安時代初期にかけての建物の基壇や井戸跡を発見した。版築法で構築された基壇は約50cmの厚みがあり、この地域では3番目の建物基壇だが、規模については住宅がある関係で明らかではない。51年までの調査で、この基壇から30〜40m離れて2つの基壇が確認されており、密集した大規模な建物跡の存在と「国」または「足」？の字の押印文の瓦、1.05m四方で深さ2.27mの玉石を積み重ねて造られた井戸跡の発見などからみて、官衙跡と推定されている。さらに同地辺が「国府野（こおの）」とも呼ばれており、国府の付属建物に国学がある例もみられることから、足利学校の最初の遺構である可能性もある。なお井戸の中からは大量の瓦片と内耳土器、電紋入りの瓦質土器、「元豊通宝」（宋銭）1枚などが発見された。井戸が使われなくなったのは室町時代の頃と推定されている。

———————東北地方

帆立貝式古墳から人骨 6世紀中頃に造られ，帆立貝式としては北限とされる山形県米沢市浅川の戸塚山古墳で米沢市教育委員会による発掘調査が行なわれ，石棺の中からほぼ完全な形の人骨が出土した。一枚岩の蓋を伴う組合式石棺は墳頂から約2.6m下に発見され，保存状態はほぼ完全だった。人骨は体長約140cmで，歯の摩耗が浅いことなどから比較的若い男性とみられる。また上歯の前部分4本に朱塗が認められた。成分は赤色硫化水銀らしい。副葬品としては，右肩のそばから竹製の櫛2点と，左腰から鉄製刀子，左足から動物の角のようなものが1点ずつ発見された。角らしい遺物は刀子の柄に使われていた可能性もある。人骨は目下，独協医科大学解剖学教室の江藤盛治教授が鑑定中である。

遮光器土偶を発見 秋田県山本郡琴丘町教育委員会は町内鹿渡にある高石野遺跡で発掘調査を行なった結果，土偶2体のほか，朱塗りの注口土器を含む亀ヶ岡式土器片数千点などを発見した。晩期と思われる柱穴と小玉や土器片，骨片などを伴う土壙160基も検出された。長さ25cmの川石の下に埋められた恰好で出土した土偶頭部は遮光器型のもので，4.2×5.8cmの大きさ。また朱塗りの認められる土偶は欠けた首と右足の部分に天然アスファルト付着のものがあった。さらに石皿や石刀などの石器多数と土笛も出土した。

複式炉を伴う住居跡20軒 岩手県稗貫郡大迫町大迫の観音堂遺跡では54年度から5ヵ年計画で，大迫町教育委員会による発掘調査が進められているが，本年度に入ってからすでに6軒の竪穴住居跡（縄文時代中期後半）が発見されこれまですでに20軒の住居跡が確認された。住居跡はさまざまの形の複式炉を伴っており，単式炉と比較対照できる点で貴重。複式炉は縄文時代中期後半のごく短い期間に現われ，再び元の単式炉にもどっている。現在，国道396号大迫バイパス予定地など全体の200分の1程度しか発掘していないが，これまでの成果から全体では200軒以上の住居跡が存在すると推定され，県内でも有数の遺跡になるとみられている。

是川中居遺跡から翡翠の勾玉 八戸市教育委員会は市道八幡坂線道路改良工事に伴って，是川中居遺跡の緊急調査を行なっていたが，遺構は検出されなかったものの，旧河床を中心に縄文時代後期末から晩期にかけての多くの遺物が発見された。主な遺物は復元可能な土器9点，同破片多数，土偶・土版片，石鏃25点，石ナイフ6点，石匙2点，石錐2点，石斧7点，磨石5点，石錘1点，石刀4点，それに翡翠製の飾玉1点。飾玉は長さ3.2cm，厚さ5～6mmで真中に4～6mmの孔があいており，晩期の勾玉であることに間違いがない。亀ヶ岡遺跡で出土した勾玉より1回り小さく，やや異形であるのが特徴。

———————北海道地方

アイヌの墳墓を発掘 苫東国家石油備蓄基地予定地内に含まれる静川22遺跡では苫小牧埋蔵文化財センターによる発掘調査が進められているが，先ごろ西側の舌状に張り出した台地の北斜面下部で長方形の墳墓が発見された。中から完全な形で頭を南西に向けた身長170cmぐらいの男性の人骨が出土，また副葬品として，長さ約60cm，白銀製の鍔のついたイコロ（刀），長さ約40cmのタシロ（山刀），漆塗りの椀，ラオ（竹の胴）の部分が消失したキセルなどがあった。周囲の黒色土層に1667年降下の樽前b降下物が混じっていることから，年代は江戸時代中期以降と思われる。同遺跡では今回墳墓がみつかった台地の先端部から人骨を含む続縄文時代恵山期の墳墓が発見されているが，アイヌの人骨は苫東遺跡では初めての例。なお，付近では先にアイヌ期の物送り場と推定される遺跡が発見されており，大量のシカの骨とともに磁器，ガラス玉，刀子，鉄鍋片などが出土した。

———————学会・研究会

日本考古学協会秋季大会 11月6日（土）～8日（月）同志社大学を会場に開催される。第1日目は京都大学岸俊男教授と広島大学小野忠熈教授による講演会，第2日目はシンポジウム（統一テーマ「考古学と年代」），第3日目は見学会の予定である。

第6回神奈川県遺跡調査・研究発表会 7月11日（日）川崎市の中原市民館において開催された。横浜市師岡貝塚，横浜市稲荷前16号墳など56年度中に神奈川県内の各地で行なわれた13遺跡の調査成果が発表されたほか，森山哲和考古造形研究所長によって「考古学と造形科学」と題する特別講演が行なわれた。

第3回日本貿易陶磁研究集会 9月4日（土），5日（日）の両日，青山学院大学にて開催された。「景徳鎮とその周辺窯の製品をめぐる問題」をテーマに，三上次男氏ら8名の研究発表と中国人学者による「最近の景徳鎮窯の研究成果」と題する発表があった。

■ 第2号予告 ■

特集・日本の宗教を考古学する

1983 年 1 月 20 日発行
総 108 頁　　1,500 円

座談会・宗教考古学のイメージ
　　　………乙益重隆・網干善教・坂詰秀一
考古学よりみた宗教史
　縄文時代の信仰…………………上野　佳也
　弥生時代の信仰…………………神沢　勇一
　古墳時代の信仰…………………岩崎　卓也
　古代の信仰………………………黒崎　直
　中世の信仰………………………山県　元
　近世の信仰………………………藤田　定興
　北の信仰…………………………宇田川　洋
　南の信仰…………………………上村　俊雄
宗教考古学の諸相
　神道………佐野大和　　仏教……坂詰秀一

道教……水野正好　　修験道……時枝　務
キリスト教……賀川光夫
信仰の対象
　山岳……大和久震平　　海………鎌木義昌
　土地……乙益重隆　　湖・沼・池…亀井正道
　空………椙山林継
外国の宗教考古学
　中国……菅谷文則　　朝鮮………西谷　正

<講座>古墳時代史Ⅱ……………石野　博信
　　　考古学と周辺科学Ⅱ……後藤光一郎
<調査報告>伽山遺跡／武蔵・上総国分寺跡
<書評><論文展望><文献><学界動向>

編集室より

◆新聞紙上では毎日のように，考古学の記事が掲載されている。しかし，新聞は話題性を追うあまり，情報提供にせっかち過ぎ，ともすれば誤りも目立つ。ということで，可能なかぎり発掘上の成果を学問的秩序にしたがって整理し，提供しようと考えたのが本誌発行の大きな理由のひとつである。また，学問というのは毎月のように変化するものではなく，その歩みは徐々にしかみられない。それが季刊にした理由である。
　本誌は考古学研究家のみならず，多くの愛好家まで理解できるような編集を意図した。心よりご愛読をお願いしたい。　　　（芳賀）
◆「季刊人類学」「季刊民族学」に続いて考古学の分野に「季刊考古学」が誕生した。本誌は考古学の多くの課題に正面から取り組んでいきたいと思っている。さらに隣接する諸分野の開拓によって，問題解決に対するあらゆる可能性を探っていきたいと考えている。そのために，毎号特集主義でのぞんでいくつもりである。なお，論文・文献・動向など情報提供の場も欠かすことはできない。これらの基本的な情報が整理され，あるいは取捨選択されて学問的体系が編み出され，補強されていくのである。（宮島）

本号の編集協力者──渡辺　誠（名古屋大学助教授）
1938年福島県生まれ，慶応義塾大学卒業。「縄文時代の漁業」「縄文時代の植物食」などの著作がある。

■ 本号の表紙 ■

　表紙の土器は福島県いわき市大畑貝塚出土の中期縄文土器である。背景は初秋にたわわに実をつけたトチの大木で，揖斐川最上流の岐阜県徳山村で撮影したもの。トチの実の重要性に気づき民俗調査をはじめた当初，中村典男氏の案内で，兵庫県村岡町の白菅山の沢沿いに，トチの実拾いをしたことがある。十分に熟したトチの実が，風に吹かれて沢の清流にポチャン，ポチャンと落ちてくる。たまには頭にコツンと当たることもある。目を開けてさえいれば，資料はいくらでも身近かにころがっているのだと悟された。今でも思い出す鮮烈な印象である。どうやらアク抜きが必要なのは，木の実ばかりではないようだ。土器編年研究偏重の風潮も，そろそろアク抜きを，といいたいところだが，さて……。
　　　　　　　　　　　　　　　　（渡辺　誠）

▶ 本誌直接購読のご案内 ◀

『季刊 考古学』は一般書店の店頭で販売しております。なるべくお近くの書店で予約購読なさることをおすすめしますが，とくに手に入りにくいときには当社へ直接お申し込み下さい。その場合，1年分6,000円（4冊，送料は当社負担）を郵便振替（東京3-1685）または現金書留にて，住所，氏名および『季刊 考古学』第何号より第何号までと明記の上当社営業部までご送金下さい。

季刊 考古学　第1号　　　1982 年 11 月 1 日発行
QUARTERLY THE ARCHAEOLOGY 定価 1,500 円

編集人　芳賀章内
発行人　長坂一雄
印刷所　新日本印刷株式会社
発行所　雄山閣出版株式会社
　　　　〒 102　東京都千代田区富士見 2-6-9
　　　　電話　03-262-3231　振替　東京 3-1685
◆本誌記事の無断転載は固くおことわりします
ISBN 4-639-00196-7　　printed in Japan

季刊 考古学 オンデマンド版 創刊号　1982 年 11 月 1 日　初版発行
ARCHAEOROGY　QUARTERLY　　　　　　2018 年 6 月 10 日　オンデマンド版発行
　　　　　　　　　　　　　　　　　　　　　　定価（本体 2,400 円＋税）

　　　　　　編集人　　芳賀章内
　　　　　　発行人　　宮田哲男
　　　　　　印刷所　　石川特殊特急製本株式会社
　　　　　　発行所　　株式会社　雄山閣　http://www.yuzankaku.co.jp
　　　　　　　　　　　〒 102-0071　東京都千代田区富士見 2-6-9
　　　　　　　　　　　電話 03-3262-3231　FAX 03-3262-6938　振替　00130-5-1685

◆本誌記事の無断転載は固くおことわりします　　ISBN 978-4-639-13001-7　Printed in Japan

初期バックナンバー、待望の復刻!!

季刊 考古学 OD　創刊号～第50号〈第一期〉

全50冊セット定価（本体120,000円＋税）　セットISBN：978-4-639-10532-9

各巻分売可　各巻定価（本体2,400円＋税）

号　数	刊行年	特　集　名	編　　者	ISBN（978-4-639-）
創刊号	1982年10月	縄文人は何を食べたか	渡辺 誠	13001-7
第 2 号	1983年1月	神々と仏を考古学する	坂詰 秀一	13002-4
第 3 号	1983年4月	古墳の謎を解剖する	大塚 初重	13003-1
第 4 号	1983年7月	日本旧石器人の生活と技術	加藤 晋平	13004-8
第 5 号	1983年10月	装身の考古学	町田 章・春成秀爾	13005-5
第 6 号	1984年1月	邪馬台国を考古学する	西谷 正	13006-2
第 7 号	1984年4月	縄文人のムラとくらし	林 謙作	13007-9
第 8 号	1984年7月	古代日本の鉄を科学する	佐々木 稔	13008-6
第 9 号	1984年10月	墳墓の形態とその思想	坂詰 秀一	13009-3
第 10 号	1985年1月	古墳の編年を総括する	石野 博信	13010-9
第 11 号	1985年4月	動物の骨が語る世界	金子 浩昌	13011-6
第 12 号	1985年7月	縄文時代のものと文化の交流	戸沢 充則	13012-3
第 13 号	1985年10月	江戸時代を掘る	加藤 晋平・古泉 弘	13013-0
第 14 号	1986年1月	弥生人は何を食べたか	甲元 真之	13014-7
第 15 号	1986年4月	日本海をめぐる環境と考古学	安田 喜憲	13015-4
第 16 号	1986年7月	古墳時代の社会と変革	岩崎 卓也	13016-1
第 17 号	1986年10月	縄文土器の編年	小林 達雄	13017-8
第 18 号	1987年1月	考古学と出土文字	坂詰 秀一	13018-5
第 19 号	1987年4月	弥生土器は語る	工楽 善通	13019-2
第 20 号	1987年7月	埴輪をめぐる古墳社会	水野 正好	13020-8
第 21 号	1987年10月	縄文文化の地域性	林 謙作	13021-5
第 22 号	1988年1月	古代の都城─飛鳥から平安京まで	町田 章	13022-2
第 23 号	1988年4月	縄文と弥生を比較する	乙益 重隆	13023-9
第 24 号	1988年7月	土器からよむ古墳社会	中村 浩・望月幹夫	13024-6
第 25 号	1988年10月	縄文・弥生の漁撈文化	渡辺 誠	13025-3
第 26 号	1989年1月	戦国考古学のイメージ	坂詰 秀一	13026-0
第 27 号	1989年4月	青銅器と弥生社会	西谷 正	13027-7
第 28 号	1989年7月	古墳には何が副葬されたか	泉森 皎	13028-4
第 29 号	1989年10月	旧石器時代の東アジアと日本	加藤 晋平	13029-1
第 30 号	1990年1月	縄文土偶の世界	小林 達雄	13030-7
第 31 号	1990年4月	環濠集落とクニのおこり	原口 正三	13031-4
第 32 号	1990年7月	古代の住居─縄文から古墳へ	宮本 長二郎・工楽 善通	13032-1
第 33 号	1990年10月	古墳時代の日本と中国・朝鮮	岩崎 卓也・中山 清隆	13033-8
第 34 号	1991年1月	古代仏教の考古学	坂詰 秀一・森 郁夫	13034-5
第 35 号	1991年4月	石器と人類の歴史	戸沢 充則	13035-2
第 36 号	1991年7月	古代の豪族居館	小笠原 好彦・阿部 義平	13036-9
第 37 号	1991年10月	稲作農耕と弥生文化	工楽 善通	13037-6
第 38 号	1992年1月	アジアのなかの縄文文化	西谷 正・木村 幾多郎	13038-3
第 39 号	1992年4月	中世を考古学する	坂詰 秀一	13039-0
第 40 号	1992年7月	古墳の形の謎を解く	石野 博信	13040-6
第 41 号	1992年10月	貝塚が語る縄文文化	岡村 道雄	13041-3
第 42 号	1993年1月	須恵器の編年とその時代	中村 浩	13042-0
第 43 号	1993年4月	鏡の語る古代史	高倉 洋彰・車崎 正彦	13043-7
第 44 号	1993年7月	縄文時代の家と集落	小林 達雄	13044-4
第 45 号	1993年10月	横穴式石室の世界	河上 邦彦	13045-1
第 46 号	1994年1月	古代の道と考古学	木下 良・坂詰 秀一	13046-8
第 47 号	1994年4月	先史時代の木工文化	工楽 善通・黒崎 直	13047-5
第 48 号	1994年7月	縄文社会と土器	小林 達雄	13048-2
第 49 号	1994年10月	平安京跡発掘	江谷 寛・坂詰 秀一	13049-9
第 50 号	1995年1月	縄文時代の新展開	渡辺 誠	13050-5

※「季刊 考古学 OD」は初版を底本とし、広告頁のみを除いてその他は原本そのままに復刻しております。初版との内容の差違は
　ございません。

「季刊 考古学　OD」は全国の一般書店にて販売しております。なるべくお近くの書店でご注文なさることをおすすめしますが、とくに手に入り
にくいときには当社へ直接お申込みください。